Cuisine le Máirín

Máirín Uí Chomáin

Radio Telefís Éireann
Bord na Gaeilge
Attic Press

Dublin

First Published in 1992 by
Attic Press
4 Upper Mount Street
Dublin 2

British Library Cataloguing in Publication Data
Chomáin, Máirín Uí
   Cuisine Le Máirín
   I. Title
   641.59417

ISBN 1- 85594-031-0

Cover Design: Aideen Gough
Cover Photo: Dermot MacNamara
Centre Illustrations: Madeleine O'Neill
Origination: Attic Press
Printing: Colour Books

Dedication

To a great lady, my mother Cáit Mhic Con Iomaire, with love.

Máirín Uí Chomáin presents the RTE cookery series Cuisine le Máirín. Originally from Connemara, Máirín currently teaches Home Economics in Dublin where she lives with her husband and children.

Acknowledgements

This book contains all the recipes from my current TV series *Cuisine le Máirín* together with some recipes from my earlier cookery slot on the programme *Cúrsaí*. Both are productions of the Irish language division in RTE and my thanks are due to Cathal Goan, Editor, and Producer Neasa Ní Chinnéide for the opportunity to present my own ideas on television.

I owe a deep debt of gratitude to Deirdre Davitt of Bórd na Gaeilge for her help and support; and to Róisín Conroy and Gráinne Healy of Attic Press who gave guidance and advice on the progress of the manuscript.

My husband Patrick and children, Fióna, Ríona, Cormac and Treasa have been my rock of support - willing consumers of all these ideas in my kitchen as they evolved towards their final stages in spite of the odds!

Finally, no acknowledgement would be complete without a warm 'thank you' to Sandra Cleary, my assistant in this series. Her professionalism, humour and meticulous attention to detail was invaluable. To her and all who have helped me along the way, my deepest thanks.

Máirín Uí Chomáin

Contents

Weights and Measures

Imperial Weights and Measures
16 ounces (oz) = 1 pound (lb)
20 fluid ounces (fl oz) = 1 pint (pt)
2 pints = 1 quart
8 pints = 1 gallon

Metric Weights and Measures
1,000 grams (g) = 1 kilogram (kg)
100 millilitres (ml) = 1 decilitre (dl)
1,000 millilitres (ml) = 1 litre (l)
1 centimetre (cm) = 100 millimetres (mm)

Metric Equivalents
1 oz = 28.35 g
1 lb = 453.6 g
1 pt = 568.2 ml
1 inch = 2.54 cm
1 fl oz = 28.4 ml

Convenient Conversion to nearest unit of 25
1 oz = 25 g
4 oz = 110 g
16 oz (1 lb) = 450 g
$1/_4$ pt = 150 ml
1 pt = 600 ml

American Equivalents
1 American cup = 8 fl oz or 230 ml
1 American tablespoon = $1/_2$ fl oz or 14 ml
1 American teaspoon = $1/_6$ fl oz or 5 ml
1 American pint = 16 fl oz or 454 ml

Abbreviations

°F = degrees Fahrenheit
°C = degrees Celsius
Tbsp(s) = level tablespoon(s)
Tsp(s) = level teaspoon(s)
oz = ounce(s)
lb = pound(s)
" = inches

Note: Never mix metric and imperial measures in one recipe. Use one or the other.

Guide to Cooking Terms

Al dente: Slightly firm to the bite.

Blanche: Soften greens by quick immersion in hot and cold water.

Croûtons: Cubed, lightly fried or baked pieces of bread.

Crêpes: Thin sweet/savoury-filled pancakes, French in origin.

Dredge: To sift sugar/flour heavily over food.

Marinade: A highly flavoured liquid in which food is soaked before cooking.

Marinate: To soak food (eg, meat or poultry) before cooking to moisten, tenderise and flavour it.

Purée: To press food through a fine sieve or food mill. A blender may be used although the effect is not quite the same.

Ramekin: Small oven-proof dish, usually earthenware, suitable for individual soufflés, baked eggs etc.

Sauté: To fry lightly and quickly in a small quantity of butter or oil.

Seasoned Flour: Flour with pepper and salt added.

Steam: To cook food suspended over boiling water or stock. A special steamer may be used or a colander over a saucepan.

Tabasco: Very hot and spicy bottled sauce made from capsicums.

Zest: Very finely-grated rind of orange or lemon.

Food for Thought

Irish cuisine has finally arrived with this cookery book! It is no longer a matter of the occasional traditional dish; instead, we get a sense of delight in handling native ingredients to produce something refreshing and modern.

Máirín Uí Chomáin's cuisine is full of this delight, reflecting the enjoyment of hours spent in her own kitchen. It draws on other traditions for its inspiration. There are no ethnic boundaries here to limit the imagination, but a rich intermingling of ideas from all over the world. And so it should be, for a people who travel as much as the Irish do.

Part of Máirín's modernity lies in her choice of basic ideas. She suggests oils rather than animal fats in her breads, for example. But it shows also in the easy short-cuts she offers to dishes that are seductive in aroma and a delight to the palate. This is cuisine which is accessible to you even if you've spent long hours working during the day. She deliberately sets out to entice you to cook sensational food in a relatively short time.

This cookery book offers you a range of ideas: from elegant main course dishes, to variations on a theme such as breads, ice creams and omelettes. You will certainly end up with some new favourites for your own table; stylish, accessible, and a feast for those you love to cook for. Enjoy it!

Neasa Ní Chinnéide

Starters, Soups, Snacks

10

Oysters

THE GALWAY oyster is celebrated with an annual September festival in Clarenbridge, a picturesque village which attracts connoisseurs of good seafood. The oyster-opening champion of the year is selected for skill and speed in opening and presenting the oysters.

The native flat oyster can be eaten only when there is an 'R' in the month. All that is needed is to open the oyster, serve it in its shell on a bed of crushed ice and a little seaweed, with a wedge of lemon. Eat with homemade brown bread and wash it down with a glass of one of those great Irish beverages, Guinness, Murphys or Beamish stout.

Below is a simple method of grilling cupped oysters. By the way, instead of using the special oyster knife, like the champion oyster-opener in Galway, I just microwave the oysters for about 20 seconds each; they then come apart easily when a blunt knife is inserted.

Grilled Oysters

Ingredients

2 dozen oysters
25-50g/1-2 oz finely grated
  bread crumbs

25-50g/1-2 oz grated cheddar
  cheese

Method

Scrub oysters until perfectly clean. Put into an ovenproof dish, flat side up, and place under a hot grill for 2-3 minutes or microwave each for 20 seconds. The shells will begin to open. Use the blade of a blunt knife between the shells to prize them apart and be careful to retain the oyster and all of the juice in the deep oyster shell. Place the oysters back in the ovenproof dish and sprinkle a mixture of crumbs and cheese on top. Grill for 2-3 minutes or until golden brown. Serve garnished with lemon and parsley. Serve alone as a starter or accompanied

11

with a side salad and brown bread for lunch or snack. (Serves 4-6)

Grapefruit with Orange or Pineapple _____

Ingredients

2 large grapefruit
8 orange segments or
4 pineapple slices

13 g/$^{1}/_{2}$ oz brown sugar
Mint leaves (optional)

Method

Divide the grapefruit in half and remove the contents of each half. Cut the grapefruit and orange or pineapple into small cubes and put this back into the grapefruit shell. Sprinkle some brown sugar on top of each grapefruit and place under a pre-heated grill for about 2 minutes or until the sugar has melted and turned golden. Serve each grapefruit in a long-stemmed glass. To serve cold, omit the sugar and decorate with mint leaves. (Serves 4)

Smoked Mackerel Paté _____

Ingredients

75 g/3 oz smoked mackerel
15 ml/1 tblsp cottage cheese
30 ml/2 tblsps natural yoghurt
1 tsp lemon juice
Black pepper

Pinch of freshly grated nutmeg
Wedge of lemon
2 tblsps of chopped watercress
Pinch of cayenne pepper

Method

Remove the skin and bones from the mackerel and break up the smoked fillets. Place the fish, cottage cheese, yoghurt, nutmeg, black pepper and lemon juice in a food blender and liquidise for a few seconds. Put into a bowl and cover. Place in the fridge for a couple of hours or overnight if possible. Serve on a small plate, garnish with watercress, cayenne pepper and lemon. Serve with melba toast. (Serves 4)

Melba Toast

Remove the crusts from two slices of toast and carefully slice the bread horizontally. Place under a hot grill, untoasted side up, or put into a very hot oven until it turns an attractive golden brown.

Seafood Cocktail _____

Ingredients

225 g/8 oz cold, cooked
  whiting, cod or haddock
300 ml/^{1}/$_2$ pint mayonnaise
15 ml/1 tblsp tomato puree
15 ml/1 tblsp sweet sherry
30 ml/2 tblsps partly whipped
  cream

^{1}/$_4$ tsp tabasco sauce
^{1}/$_4$ tsp worcester sauce
Salt and pepper
^{1}/$_4$ tsp lemon juice
^{1}/$_4$ head washed, shredded
  lettuce
4 slices lemon
Paprika pepper

Method

Mix the mayonnaise, tomato puree, sherry, cream, tabasco, worcester sauce, salt, pepper and lemon juice together. Put some shredded lettuce in 4 long-stemmed glasses. Put 50 g/2 oz cold, cooked fish on the bed of lettuce in each glass. Pour 15-30 ml/1-2 tblsps of the sauce over the fish. Garnish with a sprinkle of paprika pepper and a slice of lemon. Chill in the fridge for 20 minutes before serving. Serve with brown bread or melba toast. (Serves 4)

Mussels Cooked in Wine _____

Ingredients

1½ -2 kg/3-4 lb fresh mussels
2 onions finely chopped
1 clove of garlic
  chopped/crushed
150 ml/¼ pint dry white wine

50 g/2 oz butter
30-45 ml/2-3 tblsps chopped
  parsley
Salt and pepper

Method

Scrub the mussels and remove beards. Melt the butter in a large saucepan and cook the onions until soft. Add seasoning and garlic, then add the dry white wine and finally the mussels. Cover the saucepan tightly and cook quickly until the mussels open (about 2-3 minutes). Shake the saucepan from time to time while cooking to ensure all mussels get cooked. Put the mussels in a warmed serving dish and sprinkle lightly with parsley. Serve with lots of homemade brown bread to soak up all the juices. (Serves 4-6)

Mushrooms in Bread Cases _____

Ingredients

12 slices white bread
45 ml/3 tblsps sunflower oil
450 g/1 lb cleaned, chopped
   mushrooms
1 onion finely chopped
1 clove of garlic crushed
$\frac{1}{4}$ red pepper finely chopped
$\frac{1}{4}$ green pepper finely chopped

60 ml/4 tblsps dry white wine
Salt and pepper
Dash of soya sauce
5 ml/1 tsp cornflour
1 tblsp finely chopped parsley
Thinly sliced ribbons of peppers
   to decorate

Method

Cut 12 large circles about 9 cm/3$\frac{1}{2}$" diameter out of the bread. Cut the centres out of eight circles and retain four large circles for the base. Put circles on a pre-heated baking tray and bake in a hot oven, 200°C, 400°F, Gas 6, for 6-8 minutes until they are dry and golden. Heat the oil in saucepan and fry the onion, garlic, red and green pepper until soft. Add mushrooms and cook until the oil is absorbed. Mix the cornflour, pepper, salt and soya sauce, adding a little of the wine. Blend mixture. Pour the rest of the wine over the mushrooms and cook for 1-2 minutes. Carefully add the cornflour mixture to this, a little at a time, until the mix attains a smooth consistency. Put the circles of bread together, the large one on the base and two smaller rings on top, thus making a case. Do this with the other circles until you have four cases. Fill the cases with the warm mushrooms, garnish with ribbons of pepper and replace cap of bread case. Serve immediately. (Serves 4)

Soups

MY MOTHER had the perfect antidote for the sharp, cold winds of a Connemara winter. She made a wonderful soup, using potatoes and milk. Having sliced raw potatoes she cooked them, with some chopped onions and a pinch of salt, in enough water to steam them. When they became soft and the water was absorbed she mashed them, added a lump of butter, plenty of milk and salt and pepper to flavour. The lot was then re-heated. A mug full of this potato soup was almost a meal in itself and warmed my heart. Now I associate homemade soups with nourishment, love and warmth.

Almost as good is my own Turnip Soup. Strangely, we did not use turnips to make soup in my younger days, even though swedes were commonly grown. However, I suggest the lowly turnip makes an excellent soup as does the lettuce, cucumber and the onion. Do try them all.

Cream of Turnip Soup

Ingredients

50 g/2 oz butter
1 onion finely chopped
450 g/1 lb turnip diced
225 g/$1/_2$ lb potatoes diced
150 ml/$1/_4$ pint cream

600 ml/1 pint chicken or
   vegetable stock
Salt and pepper
1 tblsp chopped parsley

Method

Melt the butter in a large saucepan, add the onion and cook until soft. Add the potato and turnip and cook for 2 minutes, coating all the vegetables in butter. Add the stock, stir and cover with a tight-fitting lid. Simmer mixture until the vegetables are soft (about 20-30 minutes). Liquidise or sieve the soup and pour it back into the saucepan. Add the cream, pepper and salt and re-heat gently. Pour into a warmed soup tureen and garnish with cream and parsley. (Serves 4-6)

Lettuce Soup

Ingredients

1 large head of lettuce, cleaned
and shredded
25 g/1 oz butter
1 onion finely chopped
1 large potato finely chopped

600 ml/1 pint hot chicken stock
Salt and pepper
150 ml/¼ pint milk, cream or
yoghurt
1 tblsp finely chopped parsley

Method

Melt the butter, add the onion and cook until soft. Add the
potato, stock, pepper and salt. Bring to the boil, lower the heat
and simmer for 5-7 minutes. Add the shredded lettuce. Cover
and cook for 4 minutes or until vegetables are soft. Liquidise
entire mixture, then add cream or yoghurt. Re-heat gently.
Sprinkle with lots of parsley or finely shredded lettuce before
serving with homemade brown bread. (Serves 4)

Onion Soup

Ingredients

50 g/2 oz butter or margarine
450 g/1 lb onions finely sliced
750 ml/1¼ pints brown stock
300 ml/½ pint dry white wine

4 circular pieces of toast
50 g/2 oz grated hard cheese
Salt and pepper

Method

Melt the butter in a saucepan, add the onions and cook/sauté
until butter is absorbed. Pour in the stock, wine, salt and
pepper. Cover and simmer for about 20-30 minutes. Pour the
soup into warmed bowls, place a piece of toast on top of each
one and sprinkle grated cheese on top. Place under a hot grill
until the cheese melts and the soup takes on a golden
appearance. Serve immediately. (Serves 4)

Chilled Cucumber and Yoghurt Soup

Ingredients

1 large cucumber
450 ml/³/₄ pint natural yoghurt
150 ml/¹/₄ pint milk
150 ml/¹/₄ pint cream (optional)
1 clove garlic crushed

1 tblsp tarragon vinegar
1 tblsp chopped mint
Salt and pepper

Method

Wash and dry cucumber, cut into chunks and liquidise. Add all other ingredients and liquidise until they form a creamy mixture. Pour into a dish, cover and leave in the fridge for a couple of hours. Garnish with sprig of mint and serve with melba toast or croûtons. (Serves 4-6)

Cheese Dip and Crudites

Ingredients

110 g/4 oz blue cheese
225 g/8 oz cottage cheese
150 ml/¹/₄ pint natural yoghurt

1 tsp chopped chives
Dash tabasco sauce

Method

Mix all the ingredients together and pour into special serving bowl or dish. Serve on a platter surrounded by fresh, raw vegetables, for example carrots, celery, cucumber, red pepper, green pepper, or cauliflower florets, cut in finger-size pieces.

Savoury Omelette

Ingredients

3 eggs
$^1/_2$ tsp chopped parsley
$^1/_2$ tsp chives

10g/$^1/_2$ oz butter
Salt and pepper

Method

Beat the eggs until the yolks and whites mix together well and add pepper, salt, parsley and chives to the mixture. Heat the pan (17$^1/_2$-20 cm/7-8"). Add the butter and melt; cover the edges of the frying pan with butter. Pour in the egg mixture, layering until the eggs are set. Fold omelette in three by turning each edge towards the centre. Turn out on to a hot plate and serve immediately. (Serves 2)

Alternative Fillings

Replace parsley and chives with chopped, heated tomatoes; ham; mushrooms; heated shrimps; prawns; grated cheese.

19

Vegetable and Ham Omelette

Ingredients

4 large eggs
225 g/8 oz cooked, cubed potato
1 onion finely chopped
1/4 red pepper finely chopped
1/4 green pepper finely chopped

75-110 g/3-4 oz cooked ham
  diced
25 g/1 oz butter
1 clove garlic crushed
Salt and pepper

Method

Beat the eggs just enough to mix the yolks and whites together. Add the pepper and salt. Heat the omelette pan ($25\frac{1}{2}$-28 cm/10-11"). Melt the butter and fry the onion, garlic and peppers until soft. Add the potatoes and fry until they are heated through. Add the ham and cook for 1-2 minutes. Pour in the egg mixture and cook for 3-4 minutes, then cover with a plate or place under a hot grill so that the top sets. Turn omelette upside down if not using grill method. Turn out on to a heated plate. Cut in wedges and serve with a crisp green salad. (Serves 2)

Salads and Dressings

Mushrooms

MUSHROOMS conjure up clear images of one of my first cooking experiences: picking those juicy little cups during the holidays and cooking them on crushed red coals on an open hearth, with knobs of butter melting away in their centre. Later, memories include ones of grassy fields on the south of Galway Bay, animal tracks marked out against the heavy dew, or the early morning sun pushing away a stubborn sea-fog, wild ducks suddenly lifting off from their inshore night shelter, and the first Dublin train of the day streaking across through Oranmore. Of course I cannot forget the sizzling pan on the black range in the kitchen. Mushrooms, blackberries, hazelnuts and apples, all of nature's bounty there for the picking in those treasured few free days before school term would begin in earnest again.

Mushroom Salad _____

Ingredients

225 g/8 oz button mushrooms,
  washed and trimmed
110 ml/4 fl oz buttermilk
110 g/4 oz creamed soft cheese
15 ml/1 tblsp lemon juice

2 tblsps chopped parsley
1 small onion chopped finely
4 large leaves of lettuce
4 slices of tomato
1 tblsp chives

Method

Mix together the buttermilk, cheese, lemon juice, parsley and onion in a bowl. Slice the mushrooms and marinate in the buttermilk liquid for about 30 minutes. Remove the mushrooms from the liquid and place in centre of lettuce leaves on salad plates. Garnish with tomato slices and chives. (Serves 3)

Cucumber Salad with Yoghurt _____

Ingredients

1 large cucumber washed and
  dried
1 tsp chopped mint
1 tsp chopped parsley

Salt and pepper
4-5 tblsps natural yoghurt
4 lettuce leaves (crisp)

Method

Slice the cucumber. Mix the mint and parsley with the
yoghurt. Gently fold the yoghurt mixture into the cucumber,
then chill in the fridge before serving on lettuce leaves on
salad plate.

Note: Radicchio lettuce, if you can get it, is wonderful
because of its bright colour.

Tomato and Olive Salad _____

Ingredients

450 g/1 lb firm tomatoes sliced
225 g/8 oz pitted black olives

Fresh basil leaves
(Optional: 2 slices of pale
  cheese or onion rings)

Salad Dressing

90 ml/6 tblsps sunflower/olive
  oil
30 ml/2 tblsps lemon
  juice/vinegar

1 tblsp chopped fresh basil
Salt and pepper

Method

Make the dressing by whisking together the oil, basil, lemon
juice, salt and pepper. Layer the tomato slices and olives on a

white plate. Spoon the dressing over and garnish with basil leaves. To vary your tomato salad you could replace the olives with very fine slices of pale cheese or onion rings arranged in layers.

Cheese and Vegetable Salad _____

Ingredients

110 g/4 oz hard cheese cubed
1-2 sticks celery diced
$1/_4$-$1/_2$ cucumber diced

2 firm tomatoes chopped
A little shredded lettuce
1 tblsp chopped chives

Salad Dressing

90 ml/6 tblsps sunflower/olive
  oil
Salt and pepper

30 ml/2 tblsps white wine
  vinegar

Method

Place all the dressing ingredients in a screw-top jar. Shake well and store in the fridge until needed. Toss the salad ingredients carefully in a salad bowl. Sprinkle chives on top and serve with dressing.

Smoked Mackerel and Potato Salad

Ingredients

450 g/1 lb cooked, cubed, warm potatoes

60 ml/4 tblsps apple juice

30 ml/2 tblsps white wine vinegar

30 ml/2 tblsps horseradish sauce

Salt and pepper

450 g/1 lb flaked smoked mackerel

1 red-skinned eating apple cubed

$^1/_2$ cucumber cubed

60 ml/4 tblsps natural yoghurt

A little shredded lettuce

Method

Mix together the apple juice, vinegar, horseradish, salt and pepper; fold into the warm potato cubes and leave in the bowl to cool. Put the mackerel flakes, apple and cucumber in another bowl and fold the yoghurt into this. Just before serving, gently mix all the ingredients together and serve on a bed of shredded lettuce.

Coleslaw and Yoghurt Dressing _____

Ingredients

¹/₄ medium-sized head of white
   cabbage shredded
2 sticks celery finely chopped
2 carrots grated
2 red apples cubed

1 small onion finely chopped
50 g/2 oz sultanas
50 g/2 oz chopped
   walnuts/peanuts
2 tblsps chopped parsley

Yoghurt Dressing

275 ml/10 fl oz plain yoghurt
1-2 tblsps lemon juice

1 clove garlic crushed
Salt and pepper

Method

Mix all the dressing ingredients together in a screw-top jar.
Mix all vegetables and fruit in a salad bowl. Toss in dressing
just before serving. (Serves 4)

Cheese and Walnut Salad _____

Ingredients

110 g/4 oz semi-hard cheese
   cubed
75 g/3 oz chopped walnuts
Curly endive

Lettuce torn in pieces
2-3 shallots finely chopped
¹/₂ tsp chopped chervil

Salad Dressing

45 ml/3 tblsps sunflower oil
15 ml/1 tblsp sherry vinegar
¹/₂ tsp dry mustard

Salt and pepper
Pinch of sugar

Method

Place all the dressing ingredients in a screw-top jar, fasten lid tightly and shake until thoroughly mixed. Mix all the other ingredients together in a bowl. Pour dressing over salad just before serving. (Serves 4)

Breads

Bread

THERE is one product that we in Ireland can boast about without any apology: our brown bread. When my grandmother taught me to make brown bread she measured flour by the practical fistful and crushed the lumps of soda with her fingers. She then used a liquid mixture of fermented dough and milk which she had left to mature. She baked in a pot oven beside the fire, using red coals over and under the oven. When baked, the bread cooled quickly on the window sill. What a delicacy!

Other times, other ways! I have a recipe for you which retains the old flavour but speeds up the baking. I wanted to make this quick bread especially to demonstrate how practical it is for people who are busy outside of the kitchen. It can be used for a healthy breakfast, a nourishing lunch and enjoyed with soup or paté for dinner. But first I will give you the traditional bread recipe.

Notes to remember on making breads

*   To prepare a tin for bread grease insides well and line the bottom with greaseproof/baking paper, or use butter or margarine paper.
*   Use a metal skewer to test the centre of breads and if the skewer comes out clean the bread is baked.
*   If you have no weighing scales use this handy measure:
    1 tblsp = 25 g/1 oz for flour or sugar.
*   If using fan oven reduce heat by 20 degrees.
*   Pre-heat oven before baking.

Traditional Brown Soda Bread _____

Ingredients

350 g/12 oz wholemeal flour
110 g/4 oz plain white flour
1/2 tsp bread soda

1/2 tsp salt
300 ml/ 1/2 pint (approx) sour
  milk/buttermilk

Method

Sift the plain flour, salt and bread soda into a bowl, then mix in the wholemeal evenly. Make a well in the centre of the flour, pour in the milk and mix to make a soft dough. Turn this out on to a floured board and knead until smooth underneath. Turn up smooth side and flatten to a round of 5 cm/2" thick. Place on a greased baking tin and cut a cross on the top. Bake for 40 minutes at 200°C, 400°F, Gas 6 or until bread gives a hollow sound when tapped on base.

Note: One tablespoon of bran, wheatgerm or oatmeal may be added to dry ingredients for extra roughage value.

Quick Brown Bread _____

Ingredients

350 g/12 oz self-raising brown
  flour
110 g/4 oz self-raising white
  flour
25 g/1 oz bran

25 g/1 oz pinhead oatmeal
25 g/1 oz wheatgerm
25 g/1 oz castor sugar
45 ml/3 tblsps sunflower oil
450 ml/³/₄ pint sour/fresh milk

Method

Mix all the dry ingredients together in a bowl, then make a well in the centre. Mix the milk and oil together and pour into the centre of the dry mix. Mix until you have a soft dough. Put into a prepared tin, approx 23 cm by 11 cm/9" by 4½", and bake in the centre of a pre-heated oven for about 40 minutes at 200°C, 400°F, Gas 6.

Note: If you do not have self-raising flour, mix half a teaspoon of bread soda (without any lumps) into the flour and use sour milk only.

Fruit and Nut Bread _____

Ingredients

225 g/8 oz self-raising brown
  flour
25 g/1 oz self-raising white
  flour
75 g/3 oz brown or white sugar
75 g/3 oz chopped walnuts

110 g/4 oz mixed fruit
½ tsp mixed spice
1 beaten egg
45 ml/3 tblsps sunflower oil
150 ml/¼ pint milk approx

Method

Mix all the dry ingredients together in a large bowl. Mix the beaten egg, oil and milk together. Make a well in the centre of the flour and pour in the egg mixture and mix from the centre out with a wooden spoon until you have a soft, even mixture. Pour into a prepared loaf tin, 23 cm by 11 cm/9" by 4½", and bake for about 40-50 minutes in the centre of a pre-heated oven at 180°C, 350°F, Gas 4. Leave in tin for 5 minutes and then turn out on to a wire tray to cool.

Orange and Apricot Bread _____

Ingredients

350 g/12 oz self-raising flour
110 g/4 oz castor sugar
150 g/6 oz diced apricots
110 g/4 oz chopped almonds

2 oranges, juice and rind
60 ml/4 tblsps sunflower oil
30 ml/2 tblsps honey
2 beaten eggs

Icing

150 g/6 oz icing sugar   1 orange, juice and grated rind

Method

Mix the eggs, oil, honey, orange juice and rind together. Put the flour, sugar, apricots and almonds in a bowl and mix together. Pour the liquid mixture into the centre and mix well with a wooden spoon. Pour into a greased tin, approx 24 cm by 5 cm/9½" by 2" (a ring tin if you have one), and bake in the centre of a hot oven at 180°C, 350°F, Gas 4 for about 50 minutes. Leave in tin 5-10 minutes before turning out on to a wire tray to cool.

Icing

Mix the icing sugar, grated orange rind and enough of the juice together to get a stiffening liquid mixture. Pour this mixture zigzag fashion on top of the bread.

Banana Bread

Ingredients

225 g/8 oz white self-raising   2 large ripe bananas
   flour   1 beaten egg
75 g/3 oz castor sugar   15 ml/1 tblsp honey
75 g/3 oz chopped walnuts   45 ml/3 tblsps sunflower oil

Method

Mash the bananas in a large mixing bowl until they are soft and free from lumps. Mix in the beaten egg, honey, oil, sugar, walnuts and, lastly, the flour. Mix well to get a soft, even mixture. Pour into a prepared loaf tin, 23 cm by 11 cm/9" by 4½", and bake in the centre of the oven for 40-50 minutes at

180°C, 350°F, Gas 4. Leave in the tin for about 5 minutes before turning out on to a wire tray to cool.

Carrot Bread

Ingredients

225 g/8 oz brown self-raising flour
75 g/3 oz brown sugar
75 g/3 oz chopped walnuts
75 g/3 oz melted butter

110 g/4 oz grated raw carrots
2 beaten eggs
30 ml/2 tblsps honey
$1/_2$ tsp cinnamon
$1/_2$ tsp nutmeg

Method

Put the flour, sugar, walnuts, carrots, cinnamon and nutmeg into a large bowl and mix. Mix the melted butter, honey and eggs together. Pour this liquid into the centre of the flour mixture and, using a wooden spoon, mix from the centre out until the mixture is soft. Pour into a prepared loaf tin, 23 cm by 11 cm/9" by 4$1/_2$", and bake for about 50 minutes in the centre of the oven at 180°C, 350°F, Gas 4. Leave in tin for about 5 minutes and then turn out on to a wire tray to cool.

Note: 45 ml/3 tblsps oil may be used in place of butter.

Cheese Bread

Ingredients

450 g/1 lb self-raising flour
110 g/4 oz grated cheddar cheese

60 ml/4 tblsps sunflower oil
2 beaten eggs
300 ml/$1/_2$ pint milk

Method

Mix the flour and cheese together in a bowl; add 1 tsp mustard (optional). Mix beaten eggs with oil. Make a well in the centre of the dry mixture; pour in the egg mix and enough milk to make a soft dough, too soft to handle. Put the mixture in a greased tin, 23 cm by 11 cm/9" by 4½". Bake in a hot oven, 180°C, 350°F, Gas 4 for about 50 minutes. Cool on wire tray.

Main Courses

Fish

GALWAY people and visitors to that city are familiar with the Salmon Weir Bridge and the graceful swerve of the Corrib which passes underneath. I grew up beside another famous salmon fishery, that on the River Costello which runs into Rosaveel Harbour in south Connemara.

The wealthy fishermen who came to Costello in Connemara often shared their catch with us. We were not entirely dependent on 'the big house', however, as the salmon used to find other and more mysterious ways of appearing on our table! I was introduced to this elegant and princely fish from a very early age. It holds happy recollections of a Connemara childhood with memories and stories of gentry, gillies, poachers and bailiffs.

Salmon with Spinach and Saffron Sauce

Ingredients

4 x 110 g/4 oz salmon fillets
4 large or 8 small spinach
  leaves, blanched

13 g/¹/₂ oz melted butter
Salt and pepper

Sauce

100 ml/4 fl oz very hot fish
  stock
1-2 saffron sprigs *or*
¹/₂ tsp saffron powder
15 ml/1 tblsp lemon juice

3 well-beaten egg yolks
75 ml/3 fl oz cream
25 g/1 oz butter, cubed
Salt and pepper (optional)

Method

Grease an ovenproof dish. Blanch the spinach leaves: dip first in boiling water, then in cold and finally pat dry with a clean tea towel. Spread four leaves on bottom of greased dish and

39

brush with melted butter. Place a salmon fillet in the centre of each leaf and sprinkle with salt and pepper. Cover with remaining spinach leaves and brush with melted butter *or* fold over lower leaves if they are large enough. Cover and cook in a microwave oven for about 5-6 minutes, depending on the thickness of the salmon and power of the oven, or steam for 10-12 minutes. (Serves 4)

Sauce

Pour the hot fish stock, coloured and flavoured with saffron, over the egg yolks, whisking well. Add lemon juice. Add the cream and whisk again. Add the butter piece by piece; stir and re-heat until the sauce is thick and glossy. Pour sauce on to warmed dinner plates and place the fish on top. Serve with steamed carrots, and boiled potatoes tossed in melted butter and parsley.

*Salmon Baked in Parchment*_____

Ingredients

4 x 110 g/4 oz salmon fillets   Salt and pepper
1-2 carrots cut into fine sticks   50 g/2 oz butter
1-2 celery stalks cut into sticks

Method

Cut out eight circles of greaseproof paper, 20-25 cm/8-10" wide, and grease them. Place four circles on a large baking sheet. Divide the vegetables between these four circles. Place a salmon fillet on top of each circle of vegetables and put some butter, pepper and salt on top of the salmon. Cover with the other circles of greased, greaseproof paper and roll the edges tightly to keep in the steam and juices. Bake in a hot oven 200°C, 400°F, Gas 6 for about 20 minutes. Serve immediately, slitting the centre of the paper at table to allow the aroma to escape. Serve with baked potatoes. (Serves 4)

Salmon Fillets with Cream Sauce_____

Ingredients

4 salmon fillets
25 g/1 oz butter diced
Salt and pepper
Sauce

300 ml/½ pint cream
50 g/2 oz butter

15-30 ml/1-2 tblsps white wine
or water
Lemon slices

Mixture of herbs; small pinch
each of parsley, chives, basil

Method

Place the salmon on a greased dish; put a knob of butter, salt and pepper on each piece. Pour white wine/water around fish. Cover and bake in a hot oven at 190°C, 375°F, Gas 5 for about 20 minutes, depending on the thickness of fish. Boil the cream until it is reduced by half, then whisk in the butter, piece by piece, and add the herbs. Pour sauce over the salmon on a large plate and garnish with lemon slices. (Serves 4)

Stuffed Mackerel Fillets _____

Ingredients

4 mackerel filleted
25 g/1 oz butter
1 onion finely chopped
1 lemon, juice and grated rind
50 g/2 oz breadcrumbs
Method

50 g/2 oz chopped walnuts
15 ml/1 tblsp liquid mustard
1 beaten egg
Salt and pepper

Melt the butter in a saucepan, add the onion and cook until soft. Add the breadcrumbs, mustard, nuts, lemon juice, salt, pepper and beaten egg. Mix well. Place four of the fillets, skin side down, on a greased ovenproof dish. Place the stuffing on top and cover with the other fillets, skin side up. Put into a pre-heated oven at 190°C, 375°F, Gas 5 and bake for about 20-30 minutes. Garnish with parsley and lemon rind. (Serves 4)

41

Lamb

THE NORTH western part of Connemara is dominated by the Twelve Bens, a range of rocky mountains. In several places these rise steeply from enchanting valleys and mysterious, island-studded lakes. Mountain, heather, lake, sea, mist and sun combine and compete to produce spectacular changes of colour and mood. Human habitation is sparse in this land but the area is renowned for its hardy ponies and mountain lamb.

As a student I had the good fortune to find holiday employment at Kylemore Abbey, a majestic castle which the Benedictine nuns of Ypres then ran as a high-class hotel during summer months. The fishing clientele had very discerning tastes and when they did not opt for the local salmon or sea trout we treated them to Connemara lamb. This product is still very much sought after and relished on the continental market. I believe the meat acquires its particular sweetness from the herbage of the Connemara hills. Nobody can dispute that rearing lambs in this area is truly organic farming.

Rolled Lamb Cutlets

Ingredients

8 boned centre loin chops
8 cocktail sticks
Lemon slices

Watercress
Oil to fry

Sauce

45-60 ml/3-4 tblsps dry white
   wine

45-60 ml/3-4 tblsps cream
Salt, pepper and rosemary

Method

Roll up cutlets and secure with cocktail sticks. Rub oil on to frying pan and heat until very hot. Add cutlets and fry quickly on both sides until golden brown, about 3-4 minutes each side or until just pink in the centre. Remove from pan, cover and keep warm while making the sauce. Add wine to the pan, mix well with the juices and reduce a little. Add pepper, salt, rosemary and cream and bring to the boil; simmer until it reaches a thick consistency. Pour a little sauce on to warmed dinner plates and place cutlets on top. Garnish with watercress and lemon wedges. Serve vegetables on side plate. Suggested accompanying vegetables are mangetout sautéed in butter, heated tomato halves and small steamed potatoes tossed in melted butter. (Serves 4)

Pork

APART from potatoes, pig meat has been one of the mainstays of the Irish diet. For generations of farmers the dependency on the poor pig earned it the reputation of 'the gentleman that pays the rent'.

Bacon and salted pickled pork are two of our traditional meats. However, I feel that we have not been as versatile or as adventurous as we could be with this native product of ours. By borrowing ideas from other cultures we can enliven and enrich our own native food.

With this thought in mind I want to introduce Irish pork in a different way. I owe this recipe to an Indian friend, Bidavathe Devi Singh from Rajesthan, north west India, who was chef to the Indian Ambassador to Ireland a few years ago. The Ambassador kindly let Bidavathe visit my kitchen where he showed me many different curry recipes. This pork dish is one of my favourites and is very popular if you are cooking for a group.

Pork and Orange Curry _____

Ingredients

450 g/1 lb cubed pork
25 g/1 oz seasoned flour
1 onion finely chopped
1 medium can mandarin oranges
1 diced apple
30 g/2 tblsps desiccated coconut

30 ml/2 tblsps chutney
15 g/1 tblsp curry powder
7 ml/$^1/_2$ tblsp tomato puree
150 ml/$^1/_4$ pint stock/water
150 ml/$^1/_4$ pint sour cream
15-30 ml/1-2 tblsps oil

Method

Toss the pork in seasoned flour and fry in hot oil until golden. Fry the onion. Mix the rest of the ingredients together in a bowl. Place the pork and onion in a greased ovenproof dish and pour the mixture on top. Cover and bake for 1-1$^1/_2$ hours at 180°C, 350°F, Gas 4. Serve with rice and salad. (Serves 4)

Chicken

AT HOME, we reared our own chickens and I can recall a day when helping my mother, my brothers and I put our initials on four eggs each (plus the sign of the cross for good luck!) and placed the clutch under a brooding hen. After three weeks we were a proud trio when the fluffy little bundles emerged from their shells.

Fresh chicken is a rich source of protein. Here are two chicken dishes, one for everyday and one for a special occasion.

Baked Chicken Pieces

Ingredients

4 pieces of chicken
50 g/2 oz finely crushed
  cornflakes

$^1/_2$ -1 tsp paprika pepper
$^1/_4$ tsp salt
30 ml/2 tblsps sunflower oil

Method

Mix the crushed cornflakes, paprika and salt. Rub the chicken pieces with oil and coat in dry mixture. Place on a greased dish and bake, uncovered, in a hot oven at 200°C, 400°F, Gas 6 for 40 minutes or until cooked. Serve with baked potatoes and a salad of your choice. (Serves 4)

Chicken Fillets with Cranberry and Red Wine Sauce

Ingredients

4 chicken fillets
50 g/2 oz seasoned flour

Oil to fry

Cranberry and Wine Sauce

225 g/8 oz cranberries
110 g/4 oz sugar

150 ml/¹/₄ pint red wine

Method

Toss fillets in seasoned flour. Make sure they are well coated. Heat the oil in a frying pan until very hot. Fry fillets quickly on both sides. When they are golden on the outside, lower the heat, cover the pan and continue cooking for about 10-12 minutes approximately. Turn from time to time. Serve with broad beans, potatoes and cranberry sauce.
(Serves 4)

Sauce

Wash the cranberries and put them in a saucepan with the sugar and wine. Bring to the boil and simmer until the cranberries are soft. If you prefer a thick sauce cook a while longer until liquid evaporates.

Beef

ACCORDING to the great Irish epic, the *Taín*, cattle have sometimes caused wars in Ireland. Today, beef is the pride of Irish farm produce. In cooking a beef dish I wanted to achieve two things: to have a dish which could be prepared quickly, as I am very conscious of the time demands on those working outside the home, and to borrow ideas from abroad.

The result is a meal in which beef strips are used, an idea borrowed from the Chinese. They use soya sauce and spices, but I am using whiskey and Irish cream to give you a wonderful beef dish which takes very little time to prepare and is a superb eating experience for your friends.

Whiskey Steak

Ingredients

450 g/1 lb fillet or sirloin strip of beef
1 large onion
1/4 red pepper
1/4 green pepper
1 clove crushed garlic
Salt and pepper

45-60 ml/3-4 tblsps Irish whiskey
150 ml/1/4 pint fresh cream
13-25 g/1/2-1 oz butter
Pinch of rosemary

Method

Remove any fat from the meat and cut into very thin strips. Cut peppers and onion into fine strips. Heat a heavy iron pan and melt the butter until it sizzles, then put in the meat. Spread meat out evenly on pan. Toss until golden brown all over. Push the meat to one side and fry onion, garlic and peppers until soft. Add salt, pepper and rosemary. Pour in whiskey and mix with the meat juices. Allow this to reduce a little. Add the cream and mix well to re-heat. Serve on warm dinner plates with small, new potatoes and carrot sticks. (Serves 4)

Cabbage and Beef Rolls _____

Ingredients

450 g/1lb minced beef
1 finely chopped onion
75 g/3 oz cooked rice
Dash worcester sauce

1-2 cloves minced garlic
Salt and pepper
8 large cabbage leaves
30 ml/2 tblsps oil/butter

Tomato Sauce

900 g/2 lb ripe peeled tomatoes
   (or two 400 g tins)
1 large onion chopped finely
1-2 cloves crushed garlic
1 large grated carrot

Salt and pepper
45-60 ml/3-4 tblsps sherry/dry
   wine (optional)
30 ml/2 tblsps oil/butter

Method

Cut out the large centre vein of each cabbage leaf from the back with a sharp knife and be careful not to cut through the leaf. Blanch the leaves in boiling salted water for 1-2 minutes and drain; plunge into cold water for one minute and drain on kitchen towel or paper. Heat the oil/butter; sauté the onion and garlic and then fry the meat until brown. Add to this the rice, worcester sauce, pepper and salt and mix well together. Divide this mixture between the pliable cabbage leaves and roll up neatly. Place side by side in a greased ovenproof dish and pour the tomato sauce over them. Cover and cook for about 40-50 minutes in the oven at 180˚C, 350˚F, Gas 4.

Sauce

Heat oil/butter in heavy saucepan and sauté onion and garlic. Chop tomatoes and add with carrot, salt, pepper and sherry to pan. Simmer for about 15-20 minutes.

Cheese

BEFORE I went to my teacher training college I spent a year with the French Sisters of Charity in Coolarne, near Athenry in County Galway, studying household management. What a training they gave us! As well as learning academic subjects we were trained to milk cows (using milking machines), rear hens, grade eggs and, of course, make cheese and butter. I was used to butter-making from childhood, using the upright churn; we always considered churning day a big event. But it was in Coolarne that I learnt the art of cheese-making.

Cheese is such a versatile food: first-class protein that can be served any time of day and in any course of the meal. It makes a wonderful snack and is a most useful 'emergency' food. Irish cheeses are our pride and joy and a cheese platter makes a splendid finish to a meal. However, the following recipe provides an opportunity to show the variety of meals which can be made using cheese.

Traditional Cheese Fondue _____

Ingredients

450 ml/18 fl oz dry white wine
250 g/10 oz grated Emmenthal
  cheese
250 g/10 oz grated Gruyere
  cheese
1 tsp lemon juice

1 clove garlic
25 g/1 oz cornflour
45 ml/3 tblsps Kirsch
Pinch of paprika, white pepper
  and grated nutmeg

Method

Mix cornflour, pepper, paprika and nutmeg with the Kirsch and leave aside. Rub the inside of the pot with the garlic clove. Pour in the white wine and lemon juice and heat carefully.

Add the cheese little by little, mixing all the time; heat to boiling point. Pour in the cornflour and Kirsch liquid and cook for 2-3 minutes but be careful not to over-cook. Serve over flame or spirit burner in the centre of the table and eat with cubes of fresh crusty bread, spearing them on long forks for dipping. Alternatively, eat with raw vegetables cut into strips.

Tagliatelle with Cheese, Ham and Cream

Ingredients

450 g/1 lb tagliatelle
450 ml/³/₄ pint single cream
150 g/6 oz cooked ham

50 g/2 oz butter
125 g/5 oz Parmesan cheese
Freshly ground pepper

Method

Cook the pasta in boiling salted water until *al dente* (approx 8 minutes). Strain well. Cut ham in long strips. Melt butter in a saucepan and add the ham. Heat well. Add the cream, cheese and pepper. Mix and heat carefully until you have an even sauce. Turn the pasta into a large, heated bowl and pour the sauce over it. Serve immediately with garlic bread and a large bowl of salad. (Serves 4)

Vegetables

Potatoes

BOXTY (Potatoes) is as Irish as crêpes are French. It is one of our traditional ways of cooking the Irish potato and it has never lost its popularity. Wonderful for breakfast, brunch or supper, here is a uniquely Irish treat for an overseas visitor.

I first saw Boxty being made with a homemade grater in my grandmother's home. An empty tin-can, of the type that holds peas or beans, had both circular ends removed. The remainder was flattened out and holes bored all over it. This was nailed to a piece of wood larger than the tin, with the rough side of the tin facing upwards. The peeled raw potatoes were then grated into a basin. Obviously care was needed with one's knuckles but the final product repaid the effort. The first time I cooked a dish on television I chose Boxty. That was in the early black-and-white days of Irish television broadcasting.

Boxty

Ingredients

2 large raw potatoes peeled
25 g/1 oz flour
1 beaten egg (optional)

Pinch of salt
Oil/margarine to shallow fry

Method

Grate/liquidise potatoes and put in bowl. Add flour, egg, salt and mix well. Heat oil in a heavy pan. Drop the mixture into pan, in spoonfuls, to form little cakes. Fry on both sides until golden. Eat while hot, with butter dripping from them.

Note: The egg makes the Boxty lighter and also adds to the food value but Boxty without egg is more traditional.

Potato Cakes _____

Ingredients

225 g/8 oz boiled, mashed
  potatoes
50 g/2 oz flour

25 g/1 oz melted butter
Pinch of salt
Oil/margarine to fry

Method

Mix the mashed potatoes, melted butter, flour and salt together
in a bowl. Turn out on to a floured board. Divide the mixture
in two and shape each piece in circle form. Crimp the edges
and cut into triangles. Fry in a hot frying pan until both sides
are golden. Eat while hot, with butter dripping from them.

Colcannon

ONE OF our many *Sean-Nós* singers, Tomás Mac Eoín from
Carraroe, gives a lovely rendition of a traditional song in
praise of the famous Irish dish Colcannon and you can sense
the flavour from the following verse:

> *Did you ever eat Colcannon*
> *When 'twas made of thickened cream*
> *And the greens and scallions blended*
> *Like pictures in a dream?*

All you have to do to sample this great dish for yourself is be
guided by the following recipe ...

Colcannon

Ingredients

450 g/1 lb hot, mashed potatoes
225 g/½ lb cooked green
  cabbage, finely chopped
1 medium onion, finely chopped
  or 1 small bunch of scallions,
  finely chopped

150 ml/6 fl oz milk
50 g/2 oz melted butter
Salt and pepper
Chopped parsley
Knob of butter

Method

Put onion/scallions and milk in a saucepan and bring to the boil. Add this to mashed potatoes and mix until creamy. Mix melted butter with cabbage and add salt and pepper. Fold cabbage into potato mixture. Check seasoning. Serve in a warm vegetable dish. Make a hollow in the centre of mixture and place knob of butter into hollow. Sprinkle parsley over the top.

Sweet Carrot Sticks

Ingredients

450 g/1 lb carrots cut in
  matchstick pieces
50 g/2 oz butter
1-2 tsps water

50 g/2 oz brown sugar
Salt and pepper
1 tsp chopped parsley

Method

Melt the butter in a saucepan and add carrot sticks, mixing until glossy in butter. Mix in the sugar, water, salt and pepper. Cover the saucepan, lower the heat and cook until carrots are soft but crisp. Place in a vegetable dish. Garnish with parsley and serve hot.

Stir-Fry Cabbage _____

Ingredients

50-75 g/2-3 oz butter
675 g/1¹/₂ lb hard white cabbage
15 ml/1 tblsp lemon juice
Salt and pepper

30 ml/2 tblsps dry sherry
   (optional)
1 tsp chopped parsley

Method

Wash the cabbage and shred very finely. Melt the butter in a
deep frying pan and add the finely shredded cabbage, salt,
pepper and lemon juice. Toss until all the cabbage is shiny and
covered with the butter, but do not brown. Cover the pan,
lower the heat and cook for 5-6 minutes until cabbage is
tender but crisp. Sprinkle in the sherry (optional) and toss once
more. Serve hot, garnished with parsley.

Desserts

Hot Desserts

APPLE TART and cream is first choice as a dessert for many Irish people. There were few houses in the countryside without an apple tree or two although, of course, the more affluent rural dwellers kept well-stocked orchards. These were often the target of playful youngsters spurred on by the idea that forbidden fruit tasted sweeter! The apple is a versatile fruit. It can be stewed, puréed, baked or used in tarts.

Notes to remember on making pastry

* Have equipment and ingredients cold.
* Handle pastry as little and as lightly as possible.
* Never stretch pastry on dishes.
* Chill pastry well before using or baking.

Apple Tart and Cream _____

Ingredients

225 g/8 oz flour
110 g/4 oz margarine
Pinch of salt
30-45 ml/2-3 tblsps cold water
2-3 medium cooking apples

75-110 g/3-4 oz sugar
Pinch of nutmeg *or* ground cloves
300 ml/^{1}/$_2$ pint whipped cream

Method

Sift flour and salt into a bowl. Rub in margarine quickly and lightly with fingertips until mixture resembles breadcrumbs; lift mixture, while rubbing, to add air. Add water gradually, mixing to a stiff paste with round-ended knife. Turn out on to a lightly floured board and knead gently until smooth underneath. Turn upside down and divide into two pieces. Cover and refrigerate while preparing the apples. Wash, peel, core and slice apples thinly. Roll each piece of pastry out into a round a little larger than the plate. Line the greased plate with pastry and dampen the edges. Arrange a layer of apple slices on top. Sprinkle with sugar and spice. Add another layer of apple and repeat. Cover with pastry. Flake and decorate edges. Prick top of pastry with a fork and bake in a pre-heated oven at 220°C, 430°F, Gas 7 for 10 minutes, then reduce heat and bake a further 20 minutes or until pastry is golden. Sprinkle with icing sugar and serve hot with whipped cream.

Soufflé Omelette

Ingredients

2-3 eggs separated
2 tsps castor sugar
15 ml/1 tblsp rum (optional)
13 g/½ oz butter

30-45 ml/2-3 tblsps apricot jam
  heated
25 g/1 oz icing sugar

Method

Whisk the egg yolks, castor sugar and rum together. Whisk the egg whites until stiff. Heat a heavy based pan 17½-20 cm/7-8"; melt the butter and coat inside edge of the pan. Pour egg yolks in with the whites and fold gently. Pour on to the heated pan. Make a little dent in the centre of omelette over heat. When omelette is set underneath and browning, put under a pre-heated grill and cook the top until golden. Turn out on a hot oval-shaped plate, holding one half off the dish while the other rests in the centre of the plate. Pour the heated jam over the centre of the omelette on the plate and fold raised half over this. Dredge with icing sugar and serve at once. (Serves 2)

Rhubarb

RHUBARB can be substituted for apples in tarts and crumbles. We always had a patch of rhubarb at the end of the garden. It grew luxuriously and needed little attention. In times of frost we protected the early shoots by covering them with old, bottomless, upturned buckets. And for fertiliser it was just a matter of simple recycling; we used the ashes from the turf fire and spread them around the plants. The following recipe is a sophisticated way of using rhubarb.

Rhubarb Tartlets in Filo Pastry

Ingredients

1 large cooking apple cut finely
450 g/1 lb chopped rhubarb
30 ml/2 tblsps dry white wine
60 g/4 tblsps brown sugar
$1/_2$ tsp fresh lemon juice
$1/_4$ tsp nutmeg

$1/_4$ tsp cinnamon
8 sheets filo pastry
25 g/1 oz melted butter
1 egg white
Small pinch of salt
50 g/2 oz castor sugar

Method

Stew the apple with the wine in a saucepan. Add the rhubarb to this and stir well. Add the sugar, lemon juice, nutmeg and cinnamon. Simmer until the rhubarb is soft. Brush butter on each sheet of the filo pastry and divide into two piles of four. Cut each pile in four pieces and you will have eight groups of pastry with four layers in each. Mould these into small greased bun tins and bake in a hot oven, 180°C, 350°F, Gas 4, until they are golden (about 7-8 minutes). Whisk the egg white with a pinch of salt until it is stiff, then beat the sugar into it. Fill the filo cases with the rhubarb mixture and put a large spoon of meringue mixture on top of them. Put back into the oven for about three minutes at 200°C, 400°F, Gas 6, to give a golden colour to the meringue. These are delicious when eaten hot or cold on the day they are baked.

Crêpes with Orange and Brandy Sauce

Ingredients

110 g/4 oz plain flour
1-2 eggs
300 ml/½ pint milk

1 tsp oil *or* melted butter
Pinch of salt
Oil for frying

Sauce

110 g/4 oz castor sugar
110 g/4 oz butter
1 orange rind grated

2 oranges, juice of
45 ml/3 tblsps brandy/Grand
  Marnier liqueur

Method

Sieve flour and salt into a bowl. Make a well in the centre of the flour. Drop the egg into it, plus the oil (or butter) and a little milk. Mix well until the milky mixture is smooth without any lumps. Add in the remainder of the milk and beat the mixture until it is light and airy (approximately 3 minutes). Cover the bowl and leave to stand in a fridge or cool place for a couple of hours or even overnight. Place a small drop of oil on a hot frying pan and pour in about 1-2 tblsps of batter, making sure the batter covers the whole pan. Cook quickly for about 1-2 minutes until golden; then turn over and cook the other side for 1-2 minutes until golden brown. Keep crêpes warm by placing them on a plate over a pot of hot water and cover while you are cooking the rest.

Sauce

Place all the ingredients in a frying pan and warm them over a gentle heat. Boil slowly until some of the liquid evaporates and the syrup is thick. Dip the pancakes in the syrup and heat gently, then fold the pancakes in quarters. Serve hot and pour any remaining sauce over them.

Note: You may pour some more heated brandy over the

pancakes at the table and ignite to get an attractive flame.

Chocolate Fondue _____

Ingredients

225 g/8 oz quality chocolate   30 ml/2 tblsps cognac/brandy
150 ml/^{1}/$_4$ pint cream

Method

Heat the cream carefully. Break up chocolate, mix into the
cream and melt over very low heat. Mix the cognac/brandy
into this. Put in the centre of the table over a candle flame or
very low heat. Choose a mixture of fruits cut into pieces,
oranges, apples, pears, bananas, pineapples and grapes, or
your favourite cake cut in wedges, to dip into the fondue.

Cold Desserts

CARRAGEEN or Irish Moss is a member of the seaweed
family. As young children we were often given the chore of
gathering Carrageen in shallow sea-water. It grows a dark
colour on rocks but is then spread on dry crags, grassy patches
or on a flat roof. When the sun has done its work the
Carrageen is bleached and dried out, having turned a delicate
cream colour with tinges of purple.

We considered it one of the best cures we had for colds or
flu. This was when boiled in milk with some honey and
perhaps a little tincture of an indigenous brew, if the patient
was known to be partial to this.

Carrageen has a gelatinous quality so why not bring it
proudly on to the dinner table in the form of a soufflé! There is
hardly anything more truly Irish than this product of our
seashore.

Carrageen Soufflé _____

Ingredients

1 ltr/1³/₄ pint milk
13 g/¹/₂ oz dry Carrageen
75 g/3 oz sugar
3 eggs separated

450 ml/³/₄ pint cream
Small/large drop of Irish Mist
  liqueur
Lemon and angelica

Method

Soften the Carrageen in water for about 1-2 minutes and remove any black pieces. Put the milk and Carrageen in a saucepan and simmer until the milk can coat the back of a wooden spoon. Strain the Carrageen through a sieve very gently. Beat the egg yolks. Pour the warm milk over them, mixing well all the time. Add the sugar and Irish Mist into this mixture and allow to cool. Whisk the egg whites until stiff. Whip the cream until it is thick. When the Carrageen mixture is cold, fold in some of the cream (keep back some cream for decoration) and the egg whites. Select a suitable soufflé mould. Make a band or collar of doubled greseproof paper a few inches taller than the mould. Tie this very tightly around the mould securing it with a piece of twine. Rinse the mould with cold water and drain well. Empty Carrageen mixture into prepared mould; it should come 1-2 inches above the edge of the mould. Leave to chill until well set. Remove the band of paper carefully and decorate with cream, lemon and angelica.

Strawberry Meringue _____

Ingredients

3 egg whites
Pinch of salt
150 g/6 oz castor sugar

300 ml/¹/₂ pint whipped cream
325 g/12 oz fresh/tinned
  strawberries/other soft fruit

Method

Line baking tray with baking parchment. Put the egg whites in a spotlessly clean bowl and add pinch of salt. Whisk well until the egg whites are stiff. Add one third of the castor sugar, lemon juice and whisk again until the mixture is firm. Repeat the process with the second third of sugar. Carefully fold in the remaining third of sugar with a metal spoon. Put meringue into a piping bag with large nozzle. Pipe out the mixture in a circle on to the prepared tray or into individual shapes/rounds. Bake in a low oven, 130°C, 225°F, Gas ½ for 1-1½ hours until the meringue is dry and light. Turn off the heat and allow the meringues to go cold in the oven. Remove, fill with fruit and top with cream to serve.

Lemon Syllabub _____

Ingredients

300 ml/½ pint cream
110 g/4 oz castor sugar
60 ml/4 tblsps sherry
1 lemon, grated rind and juice

12 finger biscuits
Coloured sugar to frost rims of
glasses

Method

Put lemon juice and grated rind, cream, sugar and sherry in a bowl and whip together until the mixture stands in peaks. Serve in long-stemmed glasses, rims decorated with coloured sugar. Just before serving place a finger biscuit on top of each syllabub and serve the remaining biscuits on a side plate. Orange syllabub can be made in the same way, using oranges. (Serves 4)

To decorate glasses

Mix 1-2 drops of food colouring (red, green or yellow) with 15 ml/1 tblsp castor sugar. Rub the rim of the glass with cut lemon and dip the rim in the coloured sugar.

Chilled Berry Pudding _____

Ingredients

8-10 slices fresh white bread
150 ml/¹/₄ pint boiling water
1 tsp lemon juice
75 g/3 oz castor sugar

450 g/1 lb mixed summer fruits
of your choice (blackberries,
red currants, raspberries)

Method

Grease four ramekin dishes. Remove crust from bread and cut into shapes to cover bottom and sides of dishes neatly. Put the fruit, castor sugar, lemon juice and water into a saucepan and cook until the fruit is soft. Pour into the prepared dishes using more fruit than juice and, when full, cover with a circle of bread. Cover and refrigerate until set. Turn on to polished dessert plates and pour some left-over juice on top. Decorate with whole berries and cream/yoghurt. (Serves 4)

Brandy Snaps _____

Ingredients

50 g/2 oz butter/margarine
50 g/2 oz brown sugar
30 ml/2 tblsps golden syrup

50 g/2 oz white flour
1 tsp powdered ginger
1 tsp lemon juice

Method

Put the butter, sugar, syrup and lemon juice into a saucepan. Melt and allow to cool a little. Sieve the flour and ginger together. Add to warm mixture and mix well with wooden spoon. Place a teaspoon of the mixture, on baking parchment, on a greased tin and leave 10 cm/4" between each one. Bake in a medium hot oven, 170°C, 325°F, Gas 3, for 6-8 minutes, until they have spread out and turned golden. Remove from the oven, leave for a couple of seconds to set, then pick up and loosely wrap each one around the handle of a wooden spoon. Leave until cold. Fill with sweetened whipped cream with a little brandy through it.

Vanilla Ice Cream _____

Ingredients

225 g/8 oz castor sugar
60 ml/4 tblsp water
4 well-beaten egg yolks

750 ml/1¼ pints whipped cream
½ tsp vanilla essence

Method

Melt the sugar in water and when totally dissolved bring to the boil until liquid forms a thick syrup. Add vanilla. Pour syrup slowly over the egg yolks, beating well all the time. Keep beating until you have a mousse-like mixture and also until the mixture is cold. Fold in the whipped cream. Pour into a container. Cover, label and freeze.

Brown Bread Ice Cream _____

Use basic vanilla ice cream recipe and fold in the following:

Ingredients

110 g/4 oz brown bread crumbs   50 g/2 oz brown sugar

Method

Mix the bread crumbs and sugar together. Spread on a baking tray and heat under a hot grill until crisp and brown; mix well while toasting. Cool and fold into soft vanilla ice cream. Cover, label and freeze. Pour into a container. Cover, label and freeze.

Strawberry Yoghurt Ice

Ingredients

450 g/1 lb strawberries
225 g/8 oz castor sugar

450 ml/³/₄ pint natural yoghurt

Method

Put all the ingredients into a food processor/liquidiser and run the machine until everything is blended. Pour into a freezer container. Cover, label and freeze.

Praline

Ingredients

50 g/2 oz chopped unblanched
  almonds

50 g/2 oz castor sugar

Method

Spread sugar and almonds on a heavy pan and heat slowly over low heat to allow all the sugar to melt. When the syrup turns golden brown, turn out on to a piece of baking parchment and leave to cool. When cold and brittle, crush or break up and store in a sealed jar until needed. For praline ice cream, add to soft ice cream mix before freezing.

Grilled Oysters/Oisrí Griollta

Mushrooms in Bread Cases/
Muisiriúin i gCásanna Aráin

Cheese and Walnut Salad/
Sailéad de Cháis agus Gallchónna

Savoury Omelette/Uibheagán Blasta

Traditional Brown Soda Bread/Arán Sóide Donn Traidisiúnta

Rolled Lamb Cutlets/Gearrthóga Uaineola Rollaithe

Sweet Carrot Sticks/Cipíní Cairéad Milse

Brown Bread Ice-Cream/Reoiteog Arán Donn

Do mo mháthair uasal, Cáit Mhic Con Iomaire, le grá.

Is í Máirín Uí Chomáin a chuireann i láthair an tsraith teilifíse cócaireachta *Cuisine le Máirín* ar RTÉ. Is as Conamara ó dhúchas í agus tá sí faoi láthair ina múinteoir Eacnamaíocht Bhaile i mBaile Átha Cliath, áit a bhfuil cónaí uirthi féin agus ar a fear agus a gclann.

73

Buíochas

Tá fáil sa leabhar seo ar na hoidis go léir as an tsraith clár teilifíse *Cuisine le Máirín*, chomh maith le roinnt de na hoidis ón tsraith clár a rinne mé le *Cúrsaí* roimhe seo. Is í Rannóg na gClár Gaeilge in RTÉ a chuir an dá shraith ar fáil agus ba mhaith liom mo bhuíochas a ghabháil le Cathal Goan, Eagarthóir, agus le Neasa Ní Chinnéide, Léiritheoir, a thug an deis dom mo chuid smaointe a chur i láthair ar an teilifís.

Tá mé go mór faoi chomaoin ag Deirdre Davitt ó Bhord na Gaeilge, a thug cúnamh agus tacaíocht dom nuair is mó a bhí sin ag teastáil uaim, agus ag Róisín Conroy agus Gráinne Healy ó Attic Press a thug treoir agus comhairle dom le linn dom bheith ag réiteach an leabhair.

Gabhaim buíochas le m'fhear céile, Pádraig, agus lenár gclann, Fíona, Ríona, Cormac agus Treasa a bhí ina gcrann taca agam i gcónaí – go háirithe sa chistin, ag blaiseadh gach smaoineamh nua cócaireachta dár rith liom!

Tá buíochas ar leith ag dul do mo chúntóir sa tsraith seo Sandra Cleary, as a dúthracht, a gairmiúlacht agus a hacmhainn grinn. Leo sin go léir agus le mo chairde agus mo ghaolta a chabhraigh liom ón tús, gabhaim buíochas ó chroí leo.

Máirín Uí Chomáin

Clár

Meáchain agus Tomhais

Meáchain agus Tomhais Reachtúla
16 unsa = 1 punt
20 leachtunsa = 1 pionta
2 pionta = 1 cárt
8 pionta = 1 gallún

Meáchain agus Tomhais Mhéadracha
1,000 gram = 1 cileagram
100 millilítear = 1 deicilítear
1,000 millilítear = 1 lítear
1 ceintiméadar = 100 milliméadar

Tábla Méadrach
1 unsa = 28.35 g
1 punt = 453.6 g
1 pionta = 568.2 ml
1 orlach = 2.54 cm
1 leachtunsa = 28.4 ml

Comhshó go dtí an t-aonad de 25 is gaire
1 unsa = 25 g
4 unsa = 110 g
16 unsa (1 punt) = 450 g
$1/_4$ pionta = 150 ml
1 pionta = 600 ml

Tábla Meiriceánach
1 cupán Meiriceánach = 8 leachtunsa nó 230 millilítear
1 spúnóg bhoird Mheiriceánach = $1/_6$ leachtunsa nó 5 millilítear
1 pionta Meiriceánach = 16 leachtunsa nó 454 millilítear

Ciorrúcháin
F⁰ = céimeanna Fahrenheit
C⁰ = céimeanna Celsius
Uns = unsa
taesp. = taespúnóg leibhéalta
sp.bh. = spúnóg bhoird leibhéalta

Níor cóir tomhais mhéadracha agus tomhais reachtúla a mheascadh le chéile. Bain úsáid as ceann amháin nó ceann eile.

Treoir do Théarmaí Cócaireachta

Al dente: Cineál teann nuair a bhaineann na fiacla greim as.

Blanche: Glasraí glasa a bhogadh trínadh dtumadh in uisce fuar agus in uisce te.

Crouton: Píosa aráin ciúbaithe a fhriochtar nó a bhácáiltear go héadrom.

Crepes: Pancóga tanaí milse/blasta a stuáiltear. De bhunadh na Fraince.

Dreideáil: Siúcra/plúr a scagadh go flúirseach ar bhia.

Maranáid: Leacht an-bhlaistithe ina gcuirtear bia ar maos sula gcócaráiltear é.

Maranáidigh: Bia a chur ar maos (e.g. feoil nó circeoil) sula gcócaráiltear d'fhonn é a mhaothú, a bhogadh nó a bhlaistiú.

Purée: Bia a bhrú trí chriathar mín nó trí mhuileann bia. Is féidir cumascóir a úsáid ach nach ionann go díreach an toradh.

Ramacan: Mian bheag dhódhíonadh, de chré de ghnáth, oiriúnach le haghaidh cúróg, uibheacha bácáilte etc.

Sauté: Bia a fhriochadh go héadrom agus go sciobtha i mbeagán ime nó ola.

Plúr Blasta: Plúr le piobar agus salann tríd.

Galaigh: Bia a chócaráil os cionn uisce fhiuchaidh nó stoic. Is féidir galchorcán ar leith a úsáid nó síothlán os cionn sáspain.

Tabasco: Anlann buidéalaithe atá an-te agus spiosrach déanta as lus an phiobair dheirg.

Blas: Craiceann líomóide nó oráiste mínghrátáilte go han-mhion.

Réamhbhlaiseadh

Tá a stádas féin ag *cuisine* na hÉireann anois; ní hionann é agus corr-mhias thraidisiúnta ... is é atá ann ná bealach pléisiúrtha chun scoth na gcomhábhar a thabhairt chun foirfeachta i slí nua-aimseartha.

Is é seo go díreach bunchloch *chuisine* Mháirín Uí Chomáin ... cócaireacht atá taitneamhach, cócaireacht lán de bhrí agus a bhfuil de rian uirthi gur chaith an cócaire uaireanta an chloig fada pléisiúrtha ina cistin féin ag triail is ag tástáil. Tagann ionsparáid *chuisine* Mháirín ó chian is ó chóngar ó gach áit ar fud an domhain. Ní chuireann sí teorainn lenár gcuid samhlaíochta, mar is dual do shliocht tíre a bhíonn de shíor ag taisteal iad féin.

Tá an chócaireacht seo nua-aimseartha sa tslí mar shampla ina n-úsáideann Máirín ola ina cuid aráin nuair a fheileann sin. Tá sé nua-aimseartha freisin mar gheall ar na cleasa a thaispeánann sí dúinn chun bia a mheallfaidh an tsrón agus a chuirfidh iontas ar an mbéal a chur ar fáil go tapa agus go héasca. Is *cuisine* é seo gur féidir leat tabhairt faoi tar éis lá fada oibre. Seo *cuisine* don té atá gnóthach ach gur mian leis nó léi béile críochnúil álainn a chur ar an mbord in ainneoin sin.

Tá raon leathan smaointe sa leabhar cócaireachta seo ... béilí iomlána foirfe; aráin difriúla, uibheagáin agus uachtar reoite atá gan sárú. Tá biachlár nó mias sa leabhar seo a chuirfidh gliondar ar do chroí nó ar chroíthe na gcarad gur ansa leat bia a chur ar bord dóibh. Bain taitneamh as!

Neasa Ní Chinnéide

Céadchúrsaí, Anraithí, agus Sneaiceanna

Oisrí

Tarraingíonn oisrí na Gaillimhe na sluaite ó chian is ó chóngar chuig Féile na nOisrí a bhíonn ar siúl i mí Mheán Fómhair gach bliain i nDroichead an Chláirín taobh amuigh de chathair na Gaillimhe. Is saineolaithe ar bhia mara iad go leor de na daoine a thagann, ach tagann an-chuid eile, freisin, chun breathnú ar an gcomórtas chun oisrí a oscailt, chun spórt agus scléip a bhaint as an ócáid mhór bhliantúil seo.

Ní ceart an t-oisre leathógach dúchasach a ithe ach amháin nuair a bhíonn 'R' in ainm Béarla na míosa. Níl le déanamh ach é a oscailt agus píosa líomóide agus beagán feamainne a chur leis an leaba d'oighear meilte. Tá arán donn baile go hálainn leis agus ní mór duit deoch bhreá Leann Dubh Cúrach a chaitheamh siar ina dhiaidh.

Táim cinnte go dtaitneoidh an bealach atá agamsa chun oisrí cuasacha a ghríoscadh leat. Dála an scéil in áit scian speisialta a úsáid chun na hoisrí a oscailt cuirimse in oigheann micreathoinne nó in oigheann te iad ar feadh fiche soicind nó mar sin agus is féidir iad a oscailt go héasca ansin le gnáth-scian.

Oisrí Griollta

Comhábhair

2 dhosaen oisrí	25-50g/1-2 unsa de
25-50g/1-2 unsa de	cháis chrua ghrátáilte
ghrabhróga aráin	

Modh

Sciúr na hoisrí go mbíonn siad fíorghlan. Cuir ar mhias dhódhíonach iad agus an taobh díreach in airde agus cuir faoi ghriolla an-te iad nó oigheann micreathoinne ar feadh cúpla soicind. Osclóidh an bhlaosc ansin. Bain úsáid as lann de mhaol scine chun an bhlaosc a oscailt go hiomlán agus bí cúramach chun an sú go léir a choimeád sa bhlaosc dhomhain i dteannta leis an oisre. Cuir an hoisrí ar ais sa mhias dhódhíonach arís agus cuir meascán grabhróga agus cáise anuas orthu. Déan iad a ghríoscadh go mbeidh siad deas órga. Tógfaidh sin thart ar 2-3 nóiméad. Cuir ar bord iad le líomóid agus peirsil. Tús béile fíorbhlasta atá ansin agat nó d'fhéadfá iad a chur ar bord le sailéad agus arán donn don lón. (Dóthain 4-6)

Seadóg le hOráiste nó Annan _____

Comhábhair

2 sheadóg mhóra	13g/½ unsa de shiúcra
8 sceallán oráiste nó 4 slisne	donn
d'annan	Duilleoga miontais (roghnach)

Modh

Déan dhá leath de na seadóga agus tóg amach an toradh atá istigh iontu. Gearr an toradh agus an t-oráiste nó an t-annan i bpíosaí beaga agus cuir iad seo go léir ar ais i gcraiceann na seadóg arís. Croith siúcra donn ar an mbarr agus cuir faoi ghriolla te iad go mbeidh an siúcra leáite agus dath órga air; thart ar dhá nóiméad a thógfaidh seo. Cuir gach seadóg ar bord i ngloine fhadchosach. Má fhágann tú an siúcra amach, d'fhéadfá iad a chur ar bord fuar freisin maisithe le duilleoga miontais. (Dóthain 4)

Paté de Mhaicréal Deataithe _____

Comhábhair

75g/3 unsa de mhaicréal deataithe	Piobar dubh
15ml/spúnóg bhoird de cháis	Pinse de noitmig díreach
bhaile	grátáilte

30ml/2 spúnóg bhoird iógairt
  nádúrtha
5ml/taespúnóg de shú líomóide

Píosa líomóide
2 spúnóg bhoird de bhiolar
Pinse phiobar Chéin

Modh
Bain an craiceann agus na cnámha den mhaicréal agus déan na filléid deataithe a bhriseadh. Cuir an t-iasc, an cháis bhaile, iógart, noitmig, piobar dubh agus sú líomóide sa leachtóir agus leachtaigh ar feadh cúpla soicind. Cuir isteach i mbabhla iad agus clúdaigh. Cuir sa chuisneoir iad ar feadh cúpla uair nó thar oíche, más féidir. Cuir ar bord iad ar phláta beag agus é maisithe le biolar, piobar Chéin agus líomóid. Ith le tósta Melba iad. (Dóthain 4)

Tósta Melba
Bain an crústa de dhá shlisne tósta agus ansin gearr na slisní tríd an lár go cúramach. Cuir faoi ghriolla te iad agus an taobh bog in airde nó cuir in oigheann an-te iad go mbeidh siad deas órga.

Manglam de Bhia Mara _____

Comhábhair
225g/8 unsa d'fhəoitín,
  nó de chadóg bruite, fuar
300ml/½ phionta maonáise
15ml/spúnóg bhoird de phurée
  trátaí
15ml/spúnóg bhoird de sheiris
  mhilis
30 ml/2 spúnóg bhoird d'uachtar
  leathchoipthe

¼ taespúnóg d'anlann tabasco
¼ taespúnóg d'anlann
  worcester
Piobar agus salann
¼ taespúnóg de shú líomóide
¼ cloigeann de leitís ghlan
  gearrtha go mion
4 slisne líomóide
Piobar paiprice

Modh
Measc an mhaonáis, purée trátaí, seiris, uachtar, tabasco, anlann worcester, salann, piobar agus sú líomóide le chéile go

maith. Cuir cuid den leitís mhionghearrtha i ngloiní fadchosacha. Cuir 50g (2 unsa) d'iasc atá bruite agus fuar anuas ar an leaba leitíse i ngach gloine. Doirt 15-30ml (1-2 spúnóg bhoird) den anlann anuas ar an iasc. Croith blúire beag de phiobar paiprice ar bharr gach gloine agus maisigh le píosa líomóide. Fuaraigh sa chuisneoir ar feadh 20 nóiméad sula gcuireann tú ar bord iad le harán donn nó le tósta Melba. (Dóthain 4)

Diúilicíní Bruite le Fíon _____

Comhábhair

1.5-2kg/3-4 punt de
   dhiúilicíní úra
2 oinniún gearrtha go mion
Ionga gairleoige gearrtha/brúite
150ml/ceathrú pionta d'fhíon
   bán neamh-mhilis

50g/2 unsa ime
30-45ml/2-3 spúnóg bhoird
   de pheirsil gearrtha go mion
Salann agus piobar

Modh

Sciúr na diúilicíní go maith agus bain aon fhéasóg a bhíonn orthu díobh. Leáigh an t-im i sáspan mór agus déan na hoinniúin a chócaráil ann go mbíonn siad bog. Cuir isteach na blastáin, an ghairleog, salann agus piobar leo. Ina dhiaidh sin, cuir an fíon bán isteach agus ansin na diúilicíní. Clúdaigh an sáspan go daingean agus déan iad a chócaráil go tapa go mbíonn na diúilicíní ar fad oscailte: thart ar 3-4 nóiméad a bheidh i gceist. Croith an sáspan ó am go chéile i dtreo is go ndéanfar na diúilicíní go léir a chócaráil. Iompaigh na diúilicíní isteach i mbabhla ansin agus croith neart peirsile orthu. Cuir ar bord iad le neart aráin úir a dhéanfaidh an súlach ar fad a shú. (Dóthain 4-6)

Muisiriúin i gCásanna Aráin _____

Comhábhair

12 slisne d'arán bán
45ml/ 3 spúnóg bhoird d'ola
  lus na gréine
450g/punt de mhuisiriúin
  atá glanta agus gearrtha
Oinniún beag gearrtha
Ionga gairleoige brúite
¼ de phiobar dearg gearrtha
  go mion
¼ de phiobar glas, gearrtha go mion

60ml/4 spúnóg bhoird d'fhíon
  bán neamh-mhilis
Salann agus piobar
Braon beag d'anlann soighe
5ml/taespúnóg de gránphlúr
Spúnóg bhoird de pheirsil
  gearrtha go mion
Ribíní de phiobar gearrtha
  go mion chun iad a mhaisiú

Modh

Gearr an t-arán i 12 ciorcal mhóra thart ar 9cm/3" ar leithead. Gearr an lár amach as 8 gciorcal ach coinnigh ceithre cinn mhóra i gcomhair an íochtair. Cuir na ciorcail ar thráidire bácála réamhthéite agus déan iad a bhácáil in oigheann te 200ºC/400ºF/Gás 6 ar feadh 6-8 nóiméad nó go mbíonn siad deas tirim agus órga. Téigh an ola i sáspan agus déan an t-oinniún, an ghairleog, an piobar dearg agus glas a fhriochadh go mbíonn siad bog. Ansin cuir na muisiriúin isteach agus déan iad a chócaráil go mbíonn an ola go léir súite acu. Measc an gránphlúr, an piobar agus salann agus an t-anlann soighe le chéile agus cuir braon fíona leis chun leacht deas a dhéanamh. Doirt an chuid eile den fhíon ar na muisiriúin agus déan iad a chócaráil ar feadh 1-2 nóiméad. Cuir an meascán leis an ngránphlúr go cúramach leis seo píosa ar phíosa go mbíonn meascán deas tiubh agat. Cuir na ciorcail aráin le chéile, ceann mór ar bun agus dhá chiorcal bheaga anuas air chun cás a dhéanamh. Déan seo leis na ciorcail eile, leis, go mbíonn ceithre chás agat. Líon iad leis na muisiriúin te, maisigh iad le ribíní de phiobar agus peirsil agus cuir caipín an cháis aráin orthu. Cuir ar bord láithreach iad. (Dóthain 4)

Anraith

Le linn m'óige i gConamara dhéanadh mo mháthair anraith álainn dúinn as prátaí agus bainne. Bhíodh sé go hiontach le muid a théamh ar laethanta fuara geimhridh. Ghearradh sí fataí amha i slisní agus ghearradh sí oinniúin go mion agus chuireadh sí ag galú iad i mbeagán uisce agus pinse salainn leo. Nuair a bhídís bog agus an t-uisce galaithe chuireadh sí meall ime agus neart bainne leo agus bhrúdh sí an t-iomlán. Théadh sí suas arís ansin é agus ba bhéile ann féin é muigín mór breá de. Ó bhlais mé an t-anraith prátaí seo agus mé óg samhlaím rud éigin grámhar, teolaí le hanraith baile, gan trácht ar an gcothú atá ann.

Is beag nach bhfuil an t-anraith tornapaí seo agam féin chomh deas le hanraith fataí úd mo mháthar. Is iontach liom nach ndearna muid anraith tornapaí nuair a bhí mé óg mar d'ith muid go leor tornapaí mar ghlasraí. Tá anraith tornapaí go hálainn ar fad agus tá anraith leitíse, anraith cúcamair agus anraith oinniúin go hálainn freisin. Déan iad go léir a thriail.

Anraith Uachtair Tornapaí ────────

Comhábhair

50g/2 unsa ime	150ml/¼ pionta uachtair nó
Oinniún mionghearrtha	bainne
450g/punt tornapaí gearrtha i	600ml/pionta de stoc sicín,
bpíosaí beaga	nó de stoc glasraí
225g/½ phunt prátaí gearrtha	Piobar agus salann
i bpíosaí beaga	1 spúnóg bhoird de pheirsil
	mhionghearrtha

Modh

Leáigh an t-im i sáspan mór agus déan an t-oinniún a chócaráil go mbíonn sé bog. Cuir na tornapaí agus prátaí leis seo agus measc le chéile iad go mbíonn snas an ime orthu go léir. Doirt isteach an stoc sicín, measc agus clúdaigh. Déan é seo a choinneáil ar suanbhruith go mbíonn na glasraí bog – thart ar 20-30 nóiméad a bheidh i gceist. Déan an t-anraith a leachtú nó a chriathrú agus doirt ar ais sa sáspan arís é. Measc leis seo an t-uachtar agus piobar agus salann más gá, agus déan é a atéamh. Cuir ar bord é i mias anraith dheas le braon beag uachtair agus peirsil mhionghearrtha ar a bharr. (Dóthain 4-6)

Anraith Leitíse

Comhábhair

Cloigeann mór leitíse, glan,
   gearrtha go mion
25g/unsa ime
Oinniún mionghearrtha
Práta mór mionghearrtha
600ml/pionta de stoc sicín (te)

Piobar agus salann
150ml/¼ phionta bainne,
   uachtar nó iógart
Spúnóg bhoird de pheirsil
   mhionghearrtha

Modh

Leáigh an t-im agus déan an t-oinniún a chócaráil go mbíonn sé bog. Cuir isteach na prátaí, an stoc, an piobar agus salann. Déan é a fhiuchadh, ísligh an teas agus coinnigh ar suanbhruith ar feadh 5-7 nóiméad. Cuir leis seo an leitís mhionghearrtha, clúdaigh agus déan é a bhruith ar feadh 4 nóiméad go mbíonn na glasraí bog. Déan leacht de ar fad agus cuir uachtar nó iógart leis. Déan é a athéamh go cúramach, agus croith peirsil mhionnghearrtha nó leitís mhionghearrtha ar a bharr sula gcuireann tú ar bord é le harán donn baile. (Dóthain 4)

Anraith Oinniúin

Comhábhair

50g/2 unsa ime nó de
  mhargairín
450g/ punt d'oinniúin, gearrtha
  go mion
750ml/1¼ phionta de stoc donn
300ml/¹/₂ phionta d'fhíon bán
  neamh-mhilis

4 phíosa tósta i bhfoirm
  ciorcail
50g/2 unsa cáise chrua
  ghrátáilte
Salann agus piobar

Modh

Leáigh an t-im i sáspan, cuir na hoinniúin leis agus déan iad a chócaráil go mbíonn an t-im go léir súite acu. Cuir isteach an stoc, fíon, salann agus piobar. Clúdaigh agus coinnigh ar suanbhruith ar feadh 20-30 nóiméad. Doirt an t-anraith isteach i mbabhlaí réamhthéite, cuir píosa tósta ar gach ceann agus croith cáis ar an tósta. Cuir faoi ghriolla te iad go mbíonn an cháis leáite agus dath deas órga uirthi. (Dóthain 4)

Anraith Fuar Cúcamar agus Iógart

Comhábhair

Cúcamar mór
450ml/³/₄ pionta d'iógart
  nádúrtha
150ml/¹/₄ pionta de bhainne
150ml/¹/₄ phionta d'uachtar
  (más mian leat)

Ionga gairleoige brúite
1 spúnóg bhoird d'fhínéagar
  tarragon
1 spúnóg bhoird de mhiontas
  mionghearrtha
Piobar agus salann

Modh

Nigh agus triomaigh an cúcamar. Gearr i bpíosaí é agus déan leacht de. Cuir na comhábhair eile go léir isteach leis sa

88

leachtaitheoir agus déan an t-iomlán a leachtú go mbíonn meascán deas cúrach agat. Doirt isteach i mias, clúdaigh agus fág sa chuisneoir é ar feadh cúpla uair an chloig. Maisigh le craobhóg mhiontais agus cuir ar bord é le tósta Melba nó le *crouton* aráin. (Dóthain 4-6)

Anlann Tumtha Cáise le Torthaí Amha _____

Comhábhair

110g/4 unsa de cháis ghorm	1 taespúnóg de shíobhais
225g/8 n-unsa de cháis bhaile	mhionghearrtha
150ml/¼ phionta iógart	Braon an-bheag d'anlann
nádúrtha	tabasco

Modh

Measc na comhábhair go léir go maith le chéile agus doirt isteach i mbabhla iad nó i mias bheag dheas. Cuir ar bord iad ar phláta mór le glasraí úra gearrtha i méara fada. D'fhéadfá mar shampla píosaí cairéad, píosaí soilire, píosaí cúcamair, píosaí de phiobar dearg, nó glas, píosaí cóilise, nó do rogha féin glasraí a chur ar fáil.

Uibheagán Blasta _____

Comhábhair

3 ubh	½ taespúnóg de shíobhais
10g/½ unsa ime	Piobar agus salann
½ taespúnóg de pheirsil	
mhionghearrtha	

Modh

Buail na huibheacha go mbíonn na buíocáin agus na gealacáin measctha go maith le chéile agus cuir piobar, salann, peirsil agus síobhais leo. Téigh an friochtán (7"/17½cm – 8"/20cm) go maith. Cuir isteach an t-im agus leáigh, clúdaigh imeall an fhriochtáin go maith leis an im. Doirt isteach an meascán uibhe agus déan sraith i ndiaidh sraithe go mbíonn an meascán deas teann. Déan trí phíosa den uibheagán trí na himill a chasadh isteach i dtreo an láir. Iompaigh amach ar phláta te é agus cuir ar bord ar an bpointe é. Maisigh le craobhóg pheirsile. (Dóthain 2)

Ábhair líonta éagsúla don uibheagán
In ionad úsáid a bhaint as peirsil agus síobhais, d'fhéadfá an t-uibheagán a líonadh le trátaí nó le liamhás nó le muisiriúin ach iad a bheith te agus gearrtha go mion. Nó bain úsáid as ríbí róibéis nó cloicheáin te, nó as cáis ghrátáilte.

Uibheagán de Ghlasraí agus Liamhás

Comhábhair

4 ubh mhóra	¼ de phiobar glas gearrtha an-mhion
225g/8 n-unsa de phrátaí bruite gearrtha i gciúbanna	75-110g/3-4 unsa liamháis gearrtha i bpíosaí beaga
Oinniún gearrtha an-mhion	25g/unsa ime
¼ de phiobar dearg gearrtha go mion	Ionga gairleoige brúite
	Salann agus piobar

Modh
Buail na huibheacha i dtreo is go ndéantar na buíocáin agus na gealacáin a mheascadh le chéile, cuir piobar agus salann leo. Téigh an friochtán uibheagáin (10"/25.5cm - 11"/28cm). Leáigh an t-im agus déan an t-oinniún, an ghairleog agus na piobair a fhriochadh go mbíonn siad bog. Cuir isteach na

prátaí agus déan iad a fhriochadh go mbíonn siad deas te. Cuir isteach an liamhás agus déan é a chócaráil ar feadh nóiméad nó dhó. Doirt isteach an leacht uibhe agus déan é a chócaráil ar feadh 3-4 nóiméad, ansin clúdaigh le pláta nó le clúdach éigin é nó cuir faoi ghriolla te é go mbíonn an barr teann. Cas an t-uibheagán bunoscionn mura n-úsáidtear an griolla. Iompaigh amach ar phláta deas te é. Cuir ar bord é gearrtha i bpíosaí le sailéad úr glan. (Dóthain 2)

Sailéid agus Cóiriú

Muisiriúin

Cuireann muisiriúin laethanta m'óige agus mo chéad taithí cócaireachta ar leic an teallaigh sa bhaile i gcuimhne dom ag piocadh na muisiriún bhreátha bheaga i rith na laethanta saoire agus ag róstadh na "bhfás aon oíche" seo mar a thugtar orthu, ar splanc dhearg ón tine agus daba ime ag leá istigh ina lár. Níos déanaí agus mé níos sine, bhínn i bpáirceanna glasa ar chósta thoir Chuan na Gaillimhe agus smaoiním ar lorg chrúb beithígh i ndrúcht na maidine, nó ar ghrian an tsamhraidh ag scaipeadh ceo mara, agus ar lachain fhiáine ag éirí as fothain na hoíche, le linn don chéad traein go Baile Átha Cliath a bheith ag gearradh an chiúnais soir trí Uarán Mór. Agus i gcúl m'aigne i gcónaí tá an friochtán fáiltiúil ar an sorn mór dubh sa chistin. Smaoiním ar na laethanta breátha samhraidh sin agus ar na muisiriúin, na sméara dubha, na cnónna agus na húlla, a bhíodh á dtál go flaithiúil ag an nádúr orainn, sula mbíodh orainn slán a fhágáil leis na laethanta saoire agus filleadh go drogallach ar an scoil.

Sailéad Muisiriún _____

Comhábhair

225 g/8 unsa de mhuisiriúin bheaga glanta agus cóirithe

110 ml/4 leachtunsa de bhláthach

110 g/4 unsa de cháis uachtair bhog

15 ml spúnóg bhoird de shú líomóide

2 spúnóg bhoird de pheirsil mhionghearrtha

Oinniún beag mionghearrtha

4 dhuilleog mhóra leitíse

4 slisne de thrátaí

Spúnóg bhoird de shíobhais

Modh

Measc le chéile an bhláthach, an cháis, sú líomóide, peirsil agus an t-oinniún. Gearr na muisiriúin i slisní, doirt an bhláthach anuas orthu agus fág ar feadh 30 nóiméad. Tóg na muisiriúin as an leacht agus socraigh iad go deas ar dhuilleoga leitíse ar phlátaí sailéid. Maisigh le slisní trátaí agus le síobhais. (Dóthain 3)

Sailéad Cúcamair agus Iógart _____

Comhábhair

Cúcamar mór glanta agus triomaithe

1 taespúnóg de mhiontas mionghearrtha

1 taespúnóg de pheirsil mhionghearrtha

Salann agus piobar

4/5 spúnóg bhoird d'iógart nádúrtha

4 dhuilleog leitíse (briosc)

Modh

Gearr an cúcamar i slisní. Measc an miontas agus an pheirsil leis an iógart. Measc an meascán iógairt seo go cúramach leis an gcúcamar, agus fuaraigh go maith sa chuisneoir sula gcuireann tú ar bord é ar dhuilleoga leitíse ar phlátaí sailéid.

Tabhair faoi deara: Tá leitís raidise go hiontach chuige seo má tá teacht agat air, mar gheall ar a dhath dearg.

Sailéad Trátaí agus Ológa

Comhábhair

450 g/ punt de thrátaí teanna gearrtha i slisní

225 g/8 n-unsa d'ológa dubha gan chloch

Duilleoga úra de lus mhic rí (2 slisne de cháis bhán nó fáinní oinniúin, más mian leat)

96

Anlann Sailéid

90ml/6 spúnóg bhoird d'ola lus
na gréine nó d'ola olóige
30 ml/2 spúnóg bhoird de shú
líomóide/d'fhínéagar

Spúnóg bhoird de lus mhic rí
Salann agus piobar dubh

Modh

Chun an t-anlann a dhéanamh, gread an ola, an lus, an sú líomóide, salann agus piobar le chéile. Cuir na slisní trátaí agus na hológa i sraitheanna ar phláta bán. Doirt an t-anlann anuas orthu le spúnóg agus maisigh le duilleoga lus mhic rí. In ionad ológa a úsáid, d'fhéadfá slisní miona de cháis bhán nó fáinní oinniúin a chur ina n-áit.

Sailéad Cáise agus Glasraí ───────────

Comhábhair

110 g/4 unsa de cháis chrua
gearrtha i gciúbanna
1-2 phíosa soilire gearrtha
i bpíosaí beaga
$1/4$ -$1/2$ cúcamair gearrtha i bpíosaí
beaga

2 thráta theanna gearrtha
i bpíosaí beaga
Roinnt bheag leitíse gearrtha
Spúnóg bhoird de shíobhais
mhionghearrtha

Anlann Sailéid

90 ml/6 spúnóg bhoird d'ola lus
na gréine/ola clóige
Salann agus piobar

30 ml/2 spúnóg bhoird
d'fhínéagar bán fíona

Modh

Cuir na comhábhair don anlann i bpróca a bhfuil clúdach daingean air agus croith go maith. Fág sa chuisneoir é go mbíonn gá leis. Measc na comhábhair don sailéad go cúramach le chéile i mbabhla sailéid. Croith na síobhais anuas orthu agus cuir ar bord é leis an anlann.

Sailéad de Mhaicréal Deataithe agus Prátaí _____

Comhábhair

450 g/ punt de phrátaí bruite, iad fós te agus gearrtha i gciúbanna
60 ml/4 spúnóg bhoird de shú úll
30 ml/2 spúnóg bhoird d'fhinéagar bán fíona
30 ml/2 spúnón bhoird de anlann raidis fhiáin

450 g/ punt de mhaicréal deataithe sciollta
Úll dearg gearrtha i gciúbanna
½ cúcamar gearrtha i gciúbanna
60 ml/4 spúnóg bhoird d'iógart nádúrtha
Beagáinín leitíse gearrtha
Salann agus piobar

Modh

Measc le chéile an sú úll, an fínéagar, an raidis fhiáin, salann agus piobar, measc leis na prátaí te iad agus fág an meascán sa bhabhla go ndéanann sé fuarú. Cuir an maicréal sciollta, na píosaí úill agus cúcamair i mbabhla eile agus cuir an t-iógart isteach leis. Díreach sula gcuireann tú ar bord é measc na comhábhair go léir le chéile agus cuir ar leaba leitíse iad. (Dóthain 4)

Cólslá agus Anlann d'Iógart _____

Comhábhair

¼ de cheann cabáiste bán gearrtha go mion
2 phíosa soilire mionghearrtha
2 chairéad ghrátáilte
2 úll dhearga gearrtha i gciúbanna

Oinniún beag mionghearrtha
50 g/2 unsa de shabhdánaigh
50 g/2 unsa de ghallchnónna/ de phiseanna talún, gearrtha go mion
2 spúnóg bhoird de pheirsil mhionghearrtha

Anlann Iógairt

275ml/10 leacht n-unsa d'iógart
   nádúrtha
1-2 spúnóg bhoird de shú
   líomóide

Ionga gairleoige brúite
Salann agus piobar

Modh
Déan comhábhair an anlainn a mheascadh le chéile go maith.
Measc na glasraí agus na torthaí le chéile i mbabhla sailéid.
Cuir an t-anlann leo díreach sula gcuireann tú ar bord iad.
(Dóthain 4)

Sailéad de Cháis agus Gallchnónna ___

Comhábhair
110 g/4 unsa de cháis Charna
   nó de cháis leathchrua eile
   gearrtha i gciúbanna
75 g/3 unsa gallchnónna
   briste suas
Searbhán catach

Leitís stractha i bpíosaí
2/3 seallóidí gearrtha go mion
$1/2$ taespúnóg de chamán
   gall mhionghearrtha

Anlann Sailéid
45 ml/3 spúnóg bhoird d'ola lus
   na gréine
15 ml/ spúnóg bhoird d'fhínéagar
   seiríse

$1/2$ taespúnóg de mhustard tirm
Salann agus piobar
Pinse siúcra

Modh
Cuir comhábhair an anlainn go léir isteach i gcrúsca agus
clúdaigh go daingean. Croith an crúsca go maith nó go
mbíonn leacht deas tiubh agat. Measc na comhábhair eile le
chéile i mbabhla. Doirt an t-anlann orthu díreach sula
gcuireann tú an sailéad ar bord. (Dóthain 4)

Arán

Arán

Thar aon bhia eile is féidir linne in Éirinn a bheith bródúil as an arán donn atá againn. Lán doirn de phlúr an miosúr a bhíodh ag mo sheanmháthair nuair a bhíodh sí ag múineadh domsa an chaoi le harán donn a dhéanamh, agus is cuimhin liom fós an torann deas mín a dhéanadh an tsóid aráin nuair a bhíodh sí á mheilt lena méara. Bhíodh meascán bainne agus taois fágtha ag brachadh aici, agus d'úsáideadh sí an leacht seo leis an arán a fhuineadh. Bácús iarainn a bhíodh aici chun an t-arán a bhácáil, smeachóidí dearga faoi agus os a chionn. Amach ar leic na fuinneoige a chuirtí an cáca aráin le fuarú agus bhíodh uisce ag teacht lenár bhfiacla le dúil ann!

Ach d'imigh sin agus tháinig seo! Tá bealach anseo agam le blas an ama úd a choinneáil ar an arán ach leis an mbácáil féin a bhrostú. Do dhaoine nach bhfuil mórán ama le caitheamh sa chistin acu is ea an bealach tapa seo le harán donn a dhéanamh. Is bia blasta, folláin é don bhricfeasta, don lón, nó le hanraith nó *paté* don dinnéar. Ar ndóigh, tabharfaidh mé an bealach traidisiúnta le harán a dhéanamh duit freisin.

Noda agus arán á dhéanamh agat

- Chun stán a ullmhú i gcomhair aráin gréisc an taobh istigh go maith agus cuir píosa de pháipéar gréiscdhíonach nó de pháipéar bácála nó fiú píosa páipéar ime nó margairín ag a bhun.
- Úsáid biorán miotail chun lár an aráin a thástáil agus má thagann an biorán amach glan tá an t-arán bácáilte.
- Mura bhfuil aon scála meáchain agat bain úsáid as an miosúr áisiúil seo:
  Spúnóg bhoird = 25g (Unsa) plúir agus siúcra. (An oiread céanna ábhair tirme os cionn na spúnóige is atá sa chuas).
* Má tá tú ag baint úsáid as oigheann gathach ísligh an teas 20º.
* Bíodh an toighean réamhthéite i gcónaí roimh bácála.

103

Arán Sóide Donn Traidisiúnta ————

Comhábhair

350g/12 unsa de phlúr donn
110g/4 unsa de phlúr bán
1/2 taespúnóg de shóid aráin

1/2 taespúnón salainn
300ml/1/2 phionta de bhainne géar/
nó de bhláthach (thart ar)

Modh

Criathraigh an plúr bán, an salann agus an tsóid aráin i mbabhla agus measc an plúr donn leo. Déan poll i lár an phlúir agus doirt isteach dóthain bainne chun taos cuibheasach bog a dhéanamh. Iompaigh amach ar chlár plúraithe é agus fuin nó go mbíonn an taos in íochtar deas mín. Iompaigh an taobh mín in uachtar agus déan ciorcal deas cothrom as thart ar 5cm/2" a thiús. Cuir ar stán gréiscthe é agus gearr cros ar a bharr. Déan é a bhácáil ar feadh thart ar 40 nóiméad ag teocht 200ºC/140ºF/Gás 6 nó go mbíonn torann toll ag bun an aráin tar éis é a chnagadh.

Nod: Cuir isteach spúnóg bhoird de bhran, de ghinidíní cruithneachta nó de mhin choirce má tá a thuilleadh gairbhsí ag teastáil.

Arán Donn ar an Toirt ————

Comhábhair

350g/12 unsa de phlúr donn aeraithe
110g/4 unsa de phlúr bán aeraithe
25g/unsa bran
25g/unsa de mhin choirce

25g/ unsa de ghinidíní cruithneachta
25g unsa de shiúcra mín
45ml/3 spúnóg bhoird d'ola lus na gréine
450ml/3/4 pionta de bhainne úr/ bainne géar

Modh

Measc na comhábhair thirime go léir le chéile i mbabhla, agus fág poll i lár baill. Measc an bainne agus an ola le chéile agus doirt isteach i lár an mheascáin thirim é. Measc nó go mbeidh taos bog agat. Cuir isteach i stán gréiscthe 9"/23cm x 4$1/2$"/11cm é agus déan é a bhácáil i lár an oighinn ar feadh 40 nóiméad ag teocht 200°C/400°F/Gás 6.

Nod: Mura bhfuil plúr aeraithe agat measc $1/2$ taespúnóg de shóid aráin leis an bplúr agus úsáid bainne géar nó bláthach amháin.

Arán le Torthaí agus Cnónna ─────────

Comhábhair

225g/8 unsa de phlúr donn aeraithe	110g/4 unsa de thorthaí measctha
25g/unsa de phlúr bán aeraithe	$1/2$ taespúnóg de spíosraí measctha
75g/3 unsa de shiúcra donn nó bán	Ubh bhuailte
75g/3 unsa de ghallchnónna briste suas	45ml/3 spúnóg bhoird d'ola lus na gréine
	150ml/$1/4$ pionta bainne (thart ar)

Modh

Measc na comhábhair thirime go maith le chéile i mbabhla mór. Measc an ubh bhuailte, an ola agus an bainne le chéile. Déan poll i lár an phlúir agus doirt isteach an leacht uibhe agus measc ón lár amach é le spúnóg adhmaid nó go mbeidh meascán deas bog agat. Doirt isteach i stán 9"/23cm x 4$1/2$"/11cm ullmhaithe é agus déan é a bhácáil ar feadh thart ar 40-50 nóiméad i lár an oighinn ag teocht 180°C/350°F/Gás 4. Fág sa stán é thart ar 5 nóiméad agus ansin iompaigh amach ar thráidire sreinge é chun fuarú.

105

Nod: Má tá tú ag úsáid gnáthphlúir cuir 1-1½ taespúnóg de phúdar bácála leis.

Arán Oráistí agus Aibreoga —————————

Comhábhair

350g/12 unsa de phlúr bán
  aeraithe
110g/4 unsa de shiúcra mín
150g/6 unsa d'aibreoga
  gearrtha go mion
110g/4 unsa d'almóinní
  gearrtha go mion

2 oráiste, sú agus craiceann
60ml/4 spúnóg bhoird d'ola
  lus na gréine
30ml/2 spúnóg bhoird de mhil
2 ubh bhuailte

Reoán

150g/6 unsa de shiúcra
  reoáin

Oráiste – a shú agus a
  chraiceann grátáilte

Modh

Measc na huibheacha, an ola, an mhil, sú agus craiceann an oráiste le chéile. Cuir an plúr, an siúcra, na haibreoga agus na halmóinní isteach i mbabhla agus measc le chéile iad. Doirt isteach an leacht ina lár agus measc go maith le spúnóg adhmaid. Doirt an t-iomlán isteach i stán gréiscthe (bain úsáid as stán i bhfoirm fáinne 9½"/24cm x 2"/5cm má tá sé agat) agus déan é a bhácáil i lár oighinn te 180°C/350°F/Gás 4 ar feadh 50 nóiméad. Fág sa stán é ar feadh 5-10 nóiméad agus ansin cas amach ar thráidire sreinge é nó go mbíonn sé fuar.

Maisiú

Measc an siúcra reoáin, craiceann grátáilte an oráiste agus dóthain sú le chéile chun meascán teann leachta a dhéanamh. Doirt é seo i bhfiarláin anuas ar an arán.

Arán Bananaí

Comhábhair

225g/8 unsa de phlúr bán
  aeraithe
75g/3 unsa de shiúcra mín
75g/3 unsa de ghallchnónna
  briste suas

2 bhanana mhóra aibí
Ubh bhuailte
15 ml/1 spúnóg bhoird meala
45ml/3 spúnóg bhoird d'ola
  lus na gréine

Modh

Brúigh na bananaí i mbabhla mór go mbíonn siad bog agus gan aon chnap iontu. Cuir an ubh bhuailte, mil, ola, siúcra, gallchnónna agus ar deireadh an plúr isteach leo. Measc gach rud le chéile nó go mbíonn meascán deas bog agat. Cuir isteach i stán ullmhaithe é 9"/23cm x 4½"/11cm agus déan é a bhácáil i lár an oighinn ar feadh 40-50 nóiméad ag teocht 180ºC/350ºF/Gás 4. Fág sa stán é ar feadh thart ar 5 nóiméad agus ansin cas amach ar thráidire sreinge é nó go mbíonn sé fuar.

Arán Cairéad

Comhábhair

225g/8 unsa de phlúr donn
  aeraithe
75g/3 unsa de shiúcra donn
75g/3 unsa de ghallchnónna
  briste suas
75g/3 unsa ime nó margairín
  leáite

110g/4 unsa de chairéid
  amha, grátáilte
2 ubh bhuailte
30ml/2 spúnóg bhoird meala
½ taespúnóg de chainéal
½ taespúnóg de noitmig

Modh

Cuir an plúr, siúcra, na gallchnónna, na cairéid, an cainéal agus an noitmig i mbabhla mór agus measc le chéile iad. Measc an t-im leáite, an mhil agus an huibheacha le chéile.

Doirt an leacht seo isteach i lár an mheascáin plúir agus measc ón lár amach é le spúnóg adhmaid go mbíonn an meascán deas bog. Doirt isteach i stán bácála 9"/23cm x 4₁/₂"/11cm ullmhaithe é agus déan é a bhácáil ar feadh 50 nóiméad i lár an oighinn ag teocht 180ºC/350ºF/Gás 4. Fág sa stán é thart ar 5 nóiméad agus ansin cas amach ar thráidire sreinge é go mbíonn sé fuar.

Nod: Is féidir 45ml/3 spúnóg bhoird d'ola a úsáid in ionad an ime leáite.

Arán Cáise

Comhábhair

450g/ punt de phlúr bán
 aeraithe
110g/4 unsa de cháis chrua
 ghrátáilte
60ml/4 spúnóg bhoird d'ola lus
 na gréine

2 ubh bhuailte
300ml/₁/₂ phionta bainne
1 taespúnóg de mhustard
 tirim (roghnach)

Modh

Measc an plúr aeraithe agus an cháis ghrátáilte le chéile i mbabhla agus cuir an mustard leis, más mian leat. Buail na huibheacha agus measc leis an ola iad. Déan tobar i lár an phlúir agus doirt isteach an meascán uibhe agus dóthain bainne chun taos bog a dhéanamh, atá róbhog chun é a láimhseáil. Cuir an meascán i stán gréiscthe 9"/23cm x 4₁/₂"/11cm agus déan é a bhácáil in oigheann 180ºC/350ºF/Gás 4 ar feadh 50 nóiméad. Fuaraigh ar thráidire sreinge é.

Príomh-Chúrsaí

Iasc

'Droichead na mBradán' a thugann Gaeilgeoirí na Gaillimhe ar an 'Salmon Weir Bridge' sa chathair ársa sin, a mbíodh scuaine bradán le feiceáil faoi agus iad réidh le tabhairt faoin gCoirib suas. Tógadh mise ar bhruach abhainn mhóir eile agus bradáin inti, Abhainn Chasla, a ritheann amach i gCuan Chasla i gConamara.

Ba iascairí saibhre a thagadh go Casla gach samhradh, agus is acusan amháin a bhíodh cead iascaireachta ar Abhainn Chasla, ach ar bhealach míorúilteach éigin bhíodh bradán ar an mbord againne go minic! Go ndéana Dia grásta ar m'athair! Bhí mé an-óg nuair a bhlais mé an t-iasc uasal seo ar dtús, agus gach uair a fheicim bradán nó breac geal fós cuireann siad m'óige i gcuimhne dom, idir 'uaisle', iascairí, maoir agus póitséirí.

Bradán le Spionáiste agus Anlann Cróch

Comhábhair

4x110g/4 unsa de phíosaí bradáin
4 dhuilleog mhóra nó 8
 nduilleog bheaga de
 spionáiste bánaithe

13g/½ unsa ime leáite
Salann agus piobar

Anlann

110 ml/4 leachtunsa de stoc
 éisc an-te
1-2 craobhóg chróch *nó*
½ taespúnóg de phúdar cróch
15 ml/ spúnóg bhoird de shú
 líomóide

3 bhuíocán uibhe measctha
 go maith
75ml/3 leachtunsa d'uachtar
25g/ unsa ime, i gciúbanna
Salann agus piobar (roghnach)

111

Modh

Gréisc mias dhódhíonach. Bánaigh an spionáiste, á thumadh ar dtús in uisce fiuchaidh agus ansin in uisce fuar agus triomaigh go cúramach in éadach glan. Cuir ceithre dhuilleog ag bun méise gréiscthe agus cuimil le him leáite iad; cuir píosa bradáin i lár gach duilleoige agus croith piobar agus salann orthu. Clúdaigh le duilleog spionáiste eile agus cuimil im leáite orthu siúd; *nó* fill na duilleoga íochtair isteach orthu má tá siad mór go leor. Clúdaigh agus déan é a chócaráil in oigheann micreathoinne ar feadh thart ar 5-6 nóiméad ag brath ar thiús an bhradáin agus ar chumhacht an oighinn, nó déan iad a ghalú ar feadh 10-12 nóiméad.

An tAnlann

Doirt an stoc éisc te leis an gcróch tríd anuas ar na buíocáin uibhe, á ngreadadh go maith, agus cuir an sú líomóide leo. Cuir an t-uachtar leo agus gread arís. Cuir isteach an t-im píosa ar phíosa, measc agus atéigh go mbíonn an t-anlann deas tiubh snasta. Doirt ar phlátaí dinnéir réamhthéite agus cuir an t-iasc anuas air. Cuir ar bord é le cairéid ghalaithe agus le prátaí bruite, im leáite agus peirsil orthu. (Dóthain 4)

Bradán Bácáilte i bPár

Comhábhair

450g/ punt d'fhilléid bradáin	Piobar agus salann
1-2 chairéad gearrtha i gcipíní	50g/2 unsa ime
1-2 phíosa soilire gearrtha i gcipíní	Craobhóg pheirsile

Modh

Gearr amach ocht gciorcal ó pháipéar gréiscdhíonach 20-25 cm/ 8-10" ar leithead agus gréisc iad. Cuir ceithre cinn ar stán bácála mór. Roinn na glasraí idir na 4 chiorcal seo. Cuir

112

píosa bradáin anuas ar gach ciorcal glasraí agus cuir píosa ime, piobar, agus salann ar bharr an bhradáin. Clúdaigh leis na ciorcail eile den pháipéar gréiscdhíonach gréiscthe iad agus daingnigh na himill chun an ghal a choinneáil istigh. Déan é a bhácáil in oigheann te 200ºC/400ºF/Gás 6, ar feadh thart ar 20 nóiméad. Cuir ar bord láithreach é, ag oscailt lár an pháipéir ag an mbord, chun go n-éalóidh an boladh. D'fhéadfá prátaí bácáilte a ithe leis. (Dóthain 4)

Filléid Bhradáin le hAnlann Uachtair

Comhábhair

4 fhilléad bradáin
25g/ unsa ime
Piobar agus salann

15-30ml/1-2 spúnóg bhoird d'fhíon bán *nó* d'uisce
Píosaí liomóide

Anlann

300ml/½ phionta uachtair
50g/2 unsa ime

Meascán de luibheanna; peirsil, síobhais, lus mhic rí

Modh

Cuir an bradán i mias ghréiscthe, cuir ruainne ime, piobar agus salann anuas ar gach píosa. Doirt 15-30ml/1-2 spúnóg bhoird d'fhíon bán nó d'uisce timpeall air. Clúdaigh agus déan é a bhácáil in oigheann 190ºC/375ºF/Gás 5 ar feadh thart ar 20 nóiméad, ag brath ar thiús an éisc. Déan an t-uachtar a fhiuchadh go laghdaíonn sé go leath a mhéid, ansin déan an t-im a ghreadadh isteach píosa ar phíosa, agus ansin na luibheanna. Cuir an t-anlann ar phláta leis an mbradán agus maisigh le píosaí líomóide é. (Dóthain 4)

Filléid de Mhaicréal Stuáilte _____

Comhábhair

4 mhaicréal ghearrtha i
  bhfilléid
25g/ unsa ime
Oinniún gearrtha go mion
Líomóid – sú agus craiceann
  grátáilte
50g/2 unsa de ghrabhróga aráin

50g/2 unsa de ghallchnónna
  mionghearrtha
15ml/spúnóg bhoird de
  leacht mhustard
Ubh bhuailte
Salann agus piobar

Modh

Leáigh an t-im i sáspan agus cuir an t-oinniún isteach; déan é a chócaráil go mbíonn sé bog. Cuir leis seo na grabhróga aráin, an mustard, na gallchnónna, sú líomóide, salann, piobar agus an ubh bhuailte. Measc gach rud le chéile go maith. Cuir leath na bhfilléad, an taobh leis an gcraiceann in íochtar i mias ghréiscthe. Cuir an búiste anuas orthu. Clúdaigh leis na filléid eile, taobh an chroicinn ar barr. Cuir isteach in oigheann réamhthéite 190°C/375°F/Gás 5 iad agus déan iad a bhácáil ar feadh 20-30 nóiméad. Cuir ar bord iad maisithe le peirsil agus líomóid. (Dóthain 4).

Uaineoil

Tá sléibhte arda maorga, na Beanna Beola, ag féachaint anuas go síoraí ar iarthuaisceart Chonamara ar na gleanntáin uaigneacha áille agus ar na locha diamhra oileánacha. Is deacair é a shárú mar radharc, idir shliabh, mhuir agus loch, agus bíonn an tírdhreach go síoraí ag athrú le gathanna gréine agus le scáilí scamall. Ní mórán daoine atá ina gcónaí sa dúiche uaigneach seo ach tá cáil ar an gceantar mar gheall ar dhá rud ar leith: capaill agus uain sléibhe.

Is cuimhin liom agus mé fós ar an gcoláiste, obair shaoire a fháil i Mainistir na Coille Móire, an caisleán maorga a ritheadh Siúracha Beinidicteacha Ypres mar óstán ard-chaighdeáin i rith an tsamhraidh (ag an am úd). Iascairí bradán agus breac geal is mó a d'fhanadh ann agus nuair a bhíodh athrú ag teastáil uathu ón iasc álainn áitiúil, thugadh muid uaineoil Chonamara dóibh, béile a thaitníodh thar barr leo. Tá an-tóir i gcónaí ar an uaineoil bhlasta seo ar mhargadh na hEorpa agus creidim gurb ó na luibheanna a fhásann ar na sléibhte a fhaigheann an fheoil an blas milis atá uirthi. Sampla an-mhaith d'fheirmeoireacht orgánach é tógáil na n-uan sléibhe seo.

Gearrthóga Uaineola Rollaithe _____

Comhábhair

8 ngearrthóg d'uaineoil
   gan chnámh
8 gcipín manglaim

Slisní líomóide
Biolar
Ola chun friochta

An tAnlann
45-60ml/3-4 spúnóg bhoird
  d'fhíon bán neamh-mhilis

45-60ml/3-4 spúnóg bhoird
  d'uachtar
  Salann, piobar, marós

Modh
Déan na gearrthóga a rolladh agus daingnigh iad le cipíní manglaim. Cuimil ola ar an bfhriochtán agus cuir isteach na gearrthóga agus an ola breá te, agus déan iad a chócaráil ar an dá thaobh go mbíonn siad deas donn (thart ar 3-4 nóiméad do gach taobh a bheidh i gceist agus ba cheart dóibh a bheith bándearg sa lár). Tóg an fheoil amach as an bhfriochtán, clúdaigh agus coinnigh te í fad is atá tú ag déanamh an anlainn. Cuir an fíon isteach leis an sú feola agus déan an leacht seo a fhiuchadh agus a ídiú beagáinín. Cuir an piobar, salann, marós agus an t-uachtar leis seo agus déan é a fhiuchadh nó go mbíonn anlann deas tiubh agat. Doirt roinnt den anlann ar phlátaí dinnéir réamhthéite agus cuir na gearrthóga anuas air. Maisigh le biolar agus líomóid. Ba chóir na glasraí agus prátaí a ghabhann leis an mbéile seo a chur ar thaobh phláta. D'fhéadfá na glasraí seo a leanas a ithe leis na gearrthóga seo: mangetout, trátaí gearrtha téite, prátaí beaga galaithe suaite le him agus peirsil. (Dóthain 4)

Muiceoil

Is fada muiceoil á hithe in Éirinn agus b'fhada feirmeoirí na hÉireann ag brath ar an muc le luach an chíosa a chur le chéile. Ní gan fáth a thugtaí "the gentleman that pays the rent" ar an ainmhí bocht sin.

Tá bagún agus muiceoil ghoirt i bpicil ar na feolta is traidisiúnta dá bhfuil againn. Airím, mar sin féin, go bhféadfaí éagsúlacht i bhfad níos mó a chur ar fáil leis an bhfeoil bhreá dhúchasach seo. Ní miste ar chor ar bith smaointe a fháil ó chultúir iasachta le blas nua a chur ar ár mbia dúchais féin.

Tá fúm, mar sin, bealach nua a thabhairt anseo le muiceoil na hÉireann a chur i láthair. Ó chara liom as an India a fuair mé an bealach seo, Bidavathe Devi Singh as Rajasthan in iarthuaisceart na hInde, a bhí ina chócaire ag Ambasadóir na hInde chun na hÉireann cúpla bliain ó shin. Thug sé cuairt ar mo chistin le cead an Ambasadóra agus thaispeáin sé bealaí éagsúla dom le béilí curaí a dhéanamh. Ach tá an mhias mhuiceola seo ar cheann de na cinn is fearr liom agus tá sí an-fheiliúnach má bhíonn tú ag cócaireacht do ghrúpa.

Curaí Muiceola agus Oráiste _____

Comhábhair

450g/ punt de mhuiceoil gearrtha i gciúbanna

25g/ unsa de phlúr neamh-mhilis

Oinniún gearrtha go mion

Canna d'oráistí mandairín

Úll gearrtha go mion

30g/2 spúnóg bhoird de chnó cócó tirim

30ml/2 spúnóg bhoird de sheatnaí

15ml/ spúnóg bhoird de phúdar curaí

7ml/½ spúnóg bhoird de purée trátaí

150ml/¼ phionta de stoc nó d'uisce

150ml/¼ phionta uachtar géar

15-30ml/1-2 spúnóg bhoird d'ola chun fhriochta

Modh

Clúdaigh na píosaí muiceola le plúr blasta. Déan an fheoil a fhriochadh in ola the go mbíonn dath deas donn air. Déan an t-oinniún a fhriochadh. Measc na comhábhair eile go léir le chéile i mbabhla. Cuir an mhuiceoil agus na hoinniúin i mias ghréiscthe dhódhíonach agus doirt an meascán anuas air. Clúdaigh agus déan é a bhácáil ar feadh uaire nó uair go leith ag teocht thart ar 189ºC/350ºF/Gás 4. Cuir ar bord é le rís agus sailéad. (Dóthain 4)

Sicín

Bhíodh ár sicíní féin againn nuair a bhí mise ag éirí aníos, mar a bhíodh ag gach teach eile inár dtimpeall. Is cuimhin liom go maith a bheith ag cabhrú le mo mháthair ag cur ál uibheacha faoi chearc ghoir agus an gliondar a bhíodh orm féin agus ar mo dheartháireacha tar éis trí seachtaine nuair a thagadh na héiníní gleoite go míorúilteach as na blaoscanna. Chuireadh muid túslitir ár n-ainmneacha ar cheithre ubh an duine (mar aon le comhartha na croise a thabharfadh slán ó gach mí-ádh iad).

Tá sicín úr lán de phróitéin. Cuirim dhá bhéile the sicín ar fáil anseo, ceann amháin a d'fhéadfá a dhéanamh gach uile lá agus ceann eile le haghaidh ócáide speisialta.

Píosaí Sicín Bácáilte _____

Comhábhair

4 phíosa sicín
50g/2 unsa de chalóga arbhair meilte
1/2-2 taespúnóg de phiobar paiprice

1/4 taespúnóg de shalann
30ml/2 spúnóg bhoird d'ola lus na gréine

118

Modh

Measc na calóga arbhair, piobar paiprice agus salann go maith le chéile. Cuimil na píosaí sicín le hola agus tum sna calóga arbhair iad. Cuir ar mhias ghréiscthe iad agus déan iad a bhácáil gan chlúdach ar feadh 40 nóiméad ag 200ºC/400ºF/Gás 6 nó go mbíonn siad déanta. Cuir ar bord iad le prátaí bácáilte agus le do rogha sailéid. (Dóthain 4)

Filléid Sicín le hAnlann Mónóige agus Fíon Dearg _____

Comhábhair

4 fhilléad sicín	Ola chun friochta
50g/2 unsa de phlúr neamh-mhilis	

Anlann

225g/8 n-unsa mónóga	150ml/$1/4$ phionta d'fhíon dearg
110g/4 unsa siúcra	

Modh

Tum na filléid sicín sa phlúr blasta go mbíonn siad clúdaithe go hiomlán. Déan an ola a théamh i bhfriochtán go dtí go mbíonn sí an-te. Cuir na filléid sicín isteach san ola the seo agus déan iad a fhriochadh go tapa ar gach taobh go dtí go mbíonn dath deas órga ar an taobh amuigh. Ísligh an teas, ansin clúdaigh an friochtán agus lean ort á gcócaráil ar theas íseal go dtí go mbíonn an sicín réidh (thart ar 10-12 nóiméad a bheidh i gceist ag brath ar mhéid na bhfilléad). Iompaigh iad ó am go chéile. Cuir ar bord iad le pónairí leathana, prátaí agus anlann mónóige.

Anlann

Nigh na mónóga agus cuir i sáspan leis an siúcra agus an fíon dearg iad. Déan iad a fhiuchadh agus coinnigh ar suanbhruith ansin iad go mbíonn na mónóga bog. Má tá anlann tiubh ag teastáil uait bruith an t-anlann ar feadh tréimhse níos faide go n-imíonn an leacht in aghal.

Mairteoil

Mar a léiríonn ár bfinscéalta agus ár litríocht bhí spéis as cuimse riamh ag ár muintir i mba agus in eallach. Tá tóir ar na ba fós agus féadfaidh muid a bheith bródúil as ár gcuid mairteola. Bhí dhá rud i gceist agam agus an mhias mhairteola atá anseo agam á cur ar fáil: bhí mé ag smaoineamh ar mhias a d'fhéadfadh daoine a bhíonn ag obair i rith an lae a réiteach go tapa, agus theastaigh uaim freisin bealaí nua ón iasacht a thriail.

Is é toradh mo shaothair ná béile déanta as stiallacha mairteola, bealach Síneach. Úsáideann na Sínigh anlann soighe agus spíosraí ach úsáidimse uisce beatha agus uachtar Éireannach. Mias bhlasta mhairteola í seo a mbeidh áthas ar do chairde í a roinnt leat, agus ní thógann sé ach fíorbheagán ama í a réiteach.

Filléad Stéige le Fuisce _____

Comhábhair

450g/ punt d'fhilléid nó de stéig chaoldroma mairteola
1 oinniún mór
1/4 de phiobar dearg
1/4 de phiobar glas
Ionga gairleoige brúite (roghnach)

45-60ml/3-4 spúnóg bhoird d'fhuisce Éireannach
150ml/1/4 pionta d'uachtar
13-25g/1/2-1 unsa ime
Salann agus piobar
Marós

120

Modh

Bain aon tsaill a bhíonn ar an bhfeoil de agus gearr ina stiallacha beaga í. Gearr an piobar agus an t-oinniún i stiallacha freisin. Téigh friochtán trom iarainn agus nuair a bhíonn sé breá te leáigh an t-im ann nó go mbíonn sé dearg te agus cuir an fheoil isteach ansin. Aon tsraith amháin feola ba chóir a bheith agat agus déan í a shuaitheadh san fhriochtán go mbíonn sí deas órga ar gach taobh. Cuir an fheoil i leataobh agus déan an t-oinniún, gairleog agus na piobair a fhriochadh go mbíonn siad bog agus ansin cuir piobar marós agus salann leo. Doirt isteach an fuisce agus measc é leis na súnna feola agus ídigh beagáinín. Ar deireadh cuir an t-uachtar isteach agus measc go maith é chun é a atéamh. Cuir ar bord é ar phlátaí dinnéir réamhthéite le prátaí beaga nua nó prátaí múnlaithe agus le ribíní cairéad. (Dóthain 4)

Rollaí Cabáiste agus Mairteola _____

Comhábhair

450g/punt mairteola mionaithe	Braon beag d'anlann
Oinniún gearrtha go mion	worcester
75g/3 unsa de rís bhrúite	Piobar agus salann
1-2 ionga gairleoige	8 dhuilleog mhóra chabáiste
mionghearrtha	30ml/2 spúnóg bhoird d'ola
	nó d'im

Anlann Trátaí

900g/2 phunt trátaí úra nó dhá	Piobar agus salann
channa 400g	45-60ml/3-4 spúnóg bhoird de
Oinniún mór mionghearrtha	sheiris/d'fhíon neamh-
1-2 ionga gairleoige brúite	mhilis (roghnach)
Cairéad mór grátáilte	30ml/2 spúnóg bhoird d'ola
	mhaith nó d'im

Modh

Gearr amach an chuisle mhór i lár gach duilleog chabáiste le scian ghéar agus bí cúramach nach mbriseann tú an duilleog féin. Tum na duilleoga in uisce goirt atá ar fiuchadh ar feadh nóiméid nó dhó, lig don uisce sileadh díobh agus tum in uisce fuar ansin iad ar feadh nóiméid agus triomaigh iad ar éadach glan cistine nó ar pháipéar cistine. Téigh an ola nó an t-im agus déan an t-oinniún agus gairleog a fhriochadh agus frioch an fheoil ansin go mbíonn sí donn. Cuir leis seo an rís, an t-anlann Worcester, piobar agus salann agus measc go maith le chéile iad. Roinn an meascán seo idir na duilleoga solúbtha cabáiste agus rollaigh suas go néata iad. Cuir taobh le taobh iad i mias ghréiscthe dhódhíonach agus doirt an t-anlann trátaí anuas orthu. Clúdaigh agus déan iad a bhácáil ar feadh 40-50 nóiméad ag teocht 180°C/350°F/Gás 4.

Anlann

Téigh an ola nó an t-im i sáspan trom agus déan an t-oinniún agus gairleog a fhriochadh. Bain an craiceann de na trátaí úra agus tóg amach na síolta más maith leat. Gearr na trátaí agus measc iad le cairéid ghrátáilte, piobar, salann agus seiris. Cuir an meascán seo sa sáspan leis an oinniún agus coinnigh ar suanbhruith ar feadh 15-20 nóiméad.

Cáis

Sula ndeachaigh mé chuig an gcoláiste traenála múinteoireachta chaith mé bliain le Siúracha Francacha na Carthanachta i gCúil Airne in aice le Baile Átha an Rí i gContae na Gaillimhe ag déanamh staidéir ar bhainistíocht tí. Thraenáil siad go maith muid; chomh maith leis na hábhair acadúla múineadh dúinn conas na ba a chrú le meaisíní blite, conas cearca a thógáil, conas uibheacha a ghrádú agus, ar ndóigh, conas cáis agus im a dhéanamh. Bhí neart cleachta agam ó laethanta m'óige ar im a dhéanamh á mhaistreadh i gcuinneog, agus ba lá mór againn lá an mhaistridh go deimhin, ach ba i gCúil Airne a d'fhoghlaim mé den chéad uair conas cáis a dhéanamh.

Foinse phróitéin den chéad scoth í cáis agus is féidir í a ithe ag am ar bith le haon chúrsa de bhéile agus in an-chuid slite. Bia 'éigeandála' den scoth í freisin agus tá sí thar a bheith áisiúil nuair nach bhfuil ach an 'greim gasta' ó dhuine. Tá muid an-mhórálach as cáiseanna na hÉireann agus cúis againn. Is álainn an dlaoi mhullaigh ar bhéile ar bith é an pláta le rogha cáiseanna. Is sampla é seo a leanas, áfach, de na cineálacha éagsúla béilí is féidir a dhéanamh le cáis.

Fondue Cáise Traidisiúnta _____

Comhábhair

450ml/18 leacht unsa d'fhíon bán tirim

250g/10 n-unsa cáise Emmenthal grátáilte

250g/10 n-unsa cáise Gruyere grátáilte

1 taespúnóg de shú líomóide

Ionga gairleoige

25g/unsa de ghránphlúr

45ml/3 spúnóg bhoird Kirsch

Pinse paiprice, piobar bán agus noitmig ghrátáilte

Modh

Measc an gránphlúr, piobar, paiprice agus noitmig leis an Kirsch agus fág i leataobh an meascán. Cuimil taobh an phota leis an ionga gairleoige. Doirt an fíon bán neamh-mhilis agus an sú líomóide isteach sa phota agus téigh go cúramach. Cuir isteach an cháis ghrátáilte de réir a chéile, ag meascadh an leachta i rith an ama agus téigh é go pointe fiuchta. Doirt isteach an leacht de ghránphlúr agus Kirsch agus déan é a chócaráil ar feadh 2-3 nóiméad, ach bí cúramach gan é a bhruith an iomarca. Cuir os cionn lasrach i lár an bhoird é agus ith le píosaí aráin úir agus crústa orthu, á gcur ar bhriogún nó ar fhorc fada agus á dtumadh. Nó ith é le glasraí amha i stiallacha.

Tagliatelle le Cáis, Liamhás agus Uachtar

Comhábhair

450g/ punt tagliatelle	50g/2 unsa ime
425ml/3/4 pionta d'uachtar	125g/5unsa cáise Parmesan
150g/6 unsa liamháis	Piobar úr grátáilte

Modh

Déan an *pasta* a bhruith i neart uisce goirt a bhíonn ar fiuchadh go dtí go mbíonn sé *al dente* (thart ar 8 nóiméad a thógfaidh seo). Lig don uisce sileadh ón *bpasta* go maith. Gearr an liamhás i stiallacha fada. Leáigh an t-im i sáspan; cuir isteach an liamhás. Téigh go maith agus cuir uachtar, cáis agus piobar leis seo. Measc agus téigh go cúramach go dtí go mbíonn anlann deas agat. Cuir an *pasta* isteach i mbabhla mór te agus doirt an t-anlann anuas air. Cuir ar an mbord láithreach é le harán gairleoige agus babhla mór sailéid. (Dóthain 4)

124

Glasraí

Bacstaí/Prátaí

D'fhéadfá a rá go mbaineann bacstaí chomh mór le hÉirinn is a bhaineann *crepes* leis an bhFrainc. Is é atá i mbacstaí ná bealach traidisiúnta chun práta na hÉireann a chócaráil agus bíonn tóir air i gcónaí. Tá sé blasta le haghaidh an bhricfeasta, don lón nó ag am suipéir agus is bealach breá é chun caitheamh go maith le cuairteoirí na tíre seo.

I dteach mo sheanmháthar a chonaic mé bacstaí á dhéanamh den chéad uair, ar stán folamh cosúil leis an gceann a mbíonn pónairí ann a bhí oscailte amach agus poill curtha ann le casúr agus le tairní. Greamaíodh an píosa stáin seo le tairní le píosa adhmaid a bhí níos mó ná an stán agus an taobh garbh den stán iompaithe amach, chun go mbeifí in ann na prátaí a scríobadh air. Ní gá a rá nárbh fholáir a bheith cúramach i dtreo is nach mbainfí na hailt díot féin. Bhíodh an craiceann bainte de na prátaí sula ndéantaí iad a scríobadh agus bhailítí na prátaí scríobtha i mbáisín. An chéad uair riamh ar réitigh mé béile ar chlár teilifíse roghnaigh mé bacstaí. B'in i bhfad sular tháinig an teilifís dhaite.

Bacstaí

Comhábhair

2 phráta mhóra amha agus an craiceann bainte díobh	Ubh bhuailte (roghnach)
	Blúire beag salainn
25g/ spúnóg bhoird de phlúr	Ola nó margairín chun friochta

Modh

Déan na prátaí a ghrátáil nó cuir sa leachtaitheoir iad agus déan leacht díobh. Cuir an plúr, an ubh agus an salann isteach leo agus measc go maith, ansin doirt an meascán amach i mbabhla. Déan an ola a théamh i bhfriochtán trom agus doirt an meascán isteach san fhriochtán, spúnóg ar spúnóg i bhfoirm cácaí beaga. Déan iad a fhriochadh ar gach taobh nó go mbíonn dath deas órga orthu. Ith agus iad deas te le him ag sileadh díobh.

Nod: Déanann an ubh an bacstaí níos éadroime agus méadaíonn sé an bialuach, ach tá bacstaí gan ubh níos traidisiúnta.

Cácaí Prátaí _____

Comhábhair

225g/8 n-unsa de phrátaí beirithe, brúite	25g/ unsa ime leáite
50g/2 unsa de phlúr	Blúire beag salainn
	Ola nó margairín chun friochta

Modh

Measc na prátaí brúite, an t-im leáite, plúr agus salann go maith le chéile i mbabhla. Iompaigh amach an meascán ar chlár le plúr, déan dhá leath den mheascán agus múnlaigh gach aon phíosa i bhfoirm chiorclach, maisigh na himill agus gearr i dtriantáin iad. Déan iad a fhriochadh i bhfriochtán te le hola nó le margairín nó go mbíonn dath deas órga ar gach taobh díobh. Ith agus iad deas te le him ag sileadh díobh.

Cál Ceannann

Ní féidir liom smaoineamh ar an mbéile blasta seo gan cuimhneamh freisin ar amhránaí cáiliúil sean-nóis as an gCeathrú Rua i gConamara, Tomás Mac Eoin, agus ar an gcaoi a gcanann sé an t-amhrán faoi chál ceannann, go háirithe an véarsa seo a thugann blas an bhéile dúinn nach mór:

Did you ever eat Colcannon
When 'twas made of thickened cream
And the greens and scallions blended
Like pictures in a dream?

Chun an bia iontach seo a bhlaiseadh tú féin, ní gá duit ach na treoracha seo a leanas a leanúint ....

Cál Ceannann

Comhábhair

450g/1 phunt prátaí brúite te
225g/½ phunt cabáiste glas
  bruite, mionghearrtha
1 oinniún gearrtha go mion nó
  dornán scailliún gearrtha go
  mion

150ml/6 leacht-unsa bainne
50g/2 unsa im leáite
Salann agus piobar
Peirsil mionghearrtha
Daba ime

Modh
Cuir na hoinniúin/scailliúin i sáspan leis an mbainne agus tabhair go pointe fiuchta iad. Cuir an leacht seo leis na prátaí brúite agus measc go maith. Cuir an t-im leáite leis an gcabáiste agus freisin an piobar agus an salann. Fill an chabáiste seo isteach leis na prátaí agus cuir i mbabhla nó i mias te an meascán iomlán. Déan poll i gcroílár an mheascáin agus cuir isteach an daba ime ann. Croith peirsil anuas air. Ith é agus é breá te.

Cipíní Cairéad Milse

Comhábhair

450g/ punt de chairéid glanta
  agus gearrtha, i bhfoirm cipíní
50g/2 unsa ime
50g/2 unsa de shiúcra donn

50/1-2 taespúnóig d'uisce
Piobar agus salann
Peirsil mhionghearrtha

Modh

Leáigh an t-im i sáspan, cuir isteach na cipíní cairéid agus measc go mbíonn snas orthu ón im. Measc an siúcra, uisce, piobar agus salann leo. Clúdaigh an sáspan, ísligh an teas agus déan iad a chócaráil nó go mbíonn na cairéid bog ach briosc. Cuir i mbabhla glasraí iad. Croith peirsil orthu agus cuir ar bord iad agus iad deas te.

Cabáiste Friochta ————————————

Comhábhair

50-75g/2-3 unsa ime

675g/1½ phunt de chabáiste crua, bán

15ml/ spúnóg bhoird de shú líomóide úr

Salann agus piobar dubh

30ml/2 spúnóg bhoird de sheiris tirm

Spúnóg bhoird de pheirsil mhionghearrtha

Modh

Nigh an cabáiste agus gearr go mion é. Leáigh an t-im i bhfriochtán domhain, cuir isteach an cabáiste, salann, piobar agus sú líomóide agus measc nó go mbíonn gach píosa den chabáiste clúdaithe agus snasta ag an im, ach ná lig dó éirí donn. Clúdaigh an friochtán, ísligh an teas agus déan é a bhruith ar feadh 5-6 nóiméad nó go mbíonn an cabáiste bog ach briosc. Croith an tseiris anuas air más mian leat agus measc go maith. Cuir ar bord é te, maisithe le peirsil.

Milseoga

Milseoga Teo

Císte úll agus uachtar an chéad rogha a bheadh ag go leor de phobal na hÉireann mar mhilseog. Ní mór iad na tithe faoin tuath gan crann úll nó dhó, agus ba mhinic úllord mór acu siúd a bhí go maith as. Más fíor go mbíonn 'blas milis ar phraiseach na gcomharsan' is fírinní fós go mbíodh blas fíor-mhilis ar úlla na gcomharsan, agus ba dheacair páistí scoile a choinneáil amach ó chrann a bhíodh faoi bhrat trom úll. Is iomaí bealach leis an toradh seo a ithe – bruite, bácáilte, i gcístí úll nó i bpurée.

Noda agus taosrán á dhéanamh agat:
* Bíodh na huirlisí agus comhábhair fuar.
* Déan an taosrán a láimhseáil a laghad agus is féidir agus go héadrom.
* Ná déan an taosrán a shíneadh ar mhias riamh.
* Ná tarraing go teann riamh sodóg ar mhias.
* Fuaraigh go maith an taosrán sula ndéanann tú é a bhácáil.

Císte Úll le hUachtar _____

Comhábhair

225g/ 8 unsa plúir
110g/4 unsa de mhargairín
  i gciúbanna
Pinse salainn
30-45ml/2-3 spúnóg bhoird
  d'uisce fuar

2-3 úll ghlasa mheasartha
75-110g/3-4 unsa siúcra
Pinse noitmige nó clóibhíní
  meilte
300ml/$1/_2$ phionta d'uachtar
  coipthe

Modh
Criathraigh an plúr agus an salann isteach i mbabhla. Cuimil isteach an margairín go tapa agus go héadrom le barr na méar

nó go mbíonn an meascán cosúil le grabhróga aráin, ar ardú na méar chun an meascán a aerú. Doirt isteach an t-uisce braon ar bhraon, measc le scian leathanlannach nó go mbíonn taos righin agat. Iompaigh amach ar chlár, plúraithe go héadrom, agus fuin go héadrom go mbíonn an t-íochtar mín. Cas bun os cionn agus gearr ina dhá phíosa é, clúdaigh agus cuir sa chuisneoir é fad is atá tú ag ullmhú na n-úll. Gearr na húlla i gceathrúna, bain an craiceann díobh agus bain an croí astu agus gearr i slisíní tanaí iad. Déan an dá phíosa den taos a rolladh go tanaí go dtí go mbíonn siad beagáinín níos mó ná an pláta bácála gréiscthe. Clúdaigh an pláta leis an taosrán agus taisigh an t-imeall. Cuir sraith úll anuas ar an taosrán, croith siúcra agus spíosraí orthu ansin. Cuir sraith eile úll air sin agus croith a thuilleadh spiosraí. Clúdaigh leis an bpíosa eile den taosrán agus daingnigh agus maisigh an t-imeall mórthimpeall. Déan poll i mbarr an taosráin le forc nó gabhlóg, agus déan é a bhácáil in oigheann réamhthéite ag 220ºC/430ºF/Gas 7 ar feadh 10 nóiméad, ansin íslígh an teas agus déan é a bhácáil ar feadh 20 nóiméad eile nó go mbíonn an taosrán deas órga. Croith siúcra reoáin ar a bharr agus ith te le huachtar coipthe.

Uibheagán Cúrógach _____

Comhábhair

2-3 ubh deighilte	13g/$1/_2$ unsa ime
2 taespúnóg de siúcra mín	30-45ml/2-3 spúnóg bhoird de
15ml/ spúnóg bhoird rum	shubh aibreoige agus téite
(roghnach)	25g/ unsa siúcra reoáin

Modh

Déan na buíocáin, an siúcra agus an rum a ghreadadh le chéile. Déan na gealacáin a ghreadadh go mbíonn siad deas teann. Téigh friochtán deas trom 7"/17$1/_2$cm – 8"/20cm, ceann trom iarainn is fearr, agus ansin leáigh an t-im agus clúdaigh taobhanna an fhriochtáin leis. Doirt na buíocáin isteach leis na gealacáin go cúramach agus measc le chéile go deas réidh iad. Doirt isteach san fhriochtán te iad, déan gleann beag i lár an uibheagáin. Nuair a bhíonn an t-uibheagán deas órga ar a íochtar cuir isteach faoi ghriolla réamhthéite é agus déan an barr a chócaráil go mbíonn sé deas órga. Iompaigh amach ar phláta ubhcruthach te é, cuir leath de i mbais na láimhe agus an leath eile i lár an phláta. Doirt an tsubh the i lár an uibheagáin agus cuir anuas air seo an leath id' láimh. Croith siúcra reoáin ar a bharr agus cuir ar bord láithreach é. (Dóthain 2)

135

Biabhóg (Purgóid na Manach)

Is féidir biabhóg a chur in áit úill i gcíste nó i mionbhruar. Bhíodh paiste biabhóige ag cúl an ghairdín sa bhaile againn agus ní mórán aire a theastaigh uaidh le go mbeadh bataí biabhóige go barra bachall ann, bliain i ndiaidh bliana. Is cuimhneach liom go gcuireadh muid seanbhuicéid a mbíodh an tóin tite astu, bun os cionn ar an mbiabhóg nuair a bhíodh sí ag péacadh, chun í a shábháil ón sioc. Luaith na móna ón tine a chuireadh muid mar leasú timpeall ar na plandaí biabhóige. Seo a leanas bealach sofaisticiúil chun biabhóg a réiteach:

Toirtíní Biabhóige i dTaosrán Fílo _____

Comhábhair

Úll mór géar, gearrtha go mion

450g/punt biabhóige gearrtha

30ml/2 spúnóg bhoird d'fhíon bán neamh-mhilis

60g/4 spúnóg bhoird de shiúcra donn

1/2 taespúnóg de shú líomóide úr

1/4 taespúnóg de noitmig

1/4 taespúnóg de chainéal

8 duilleog de thaosrán fílo

25g/ unsa d'im leáite

Gealacán uibhe

Pinse beag salainn

50g/2 unsa de shiúcra mín

Modh

Déan an t-úll a stobhadh leis an bhfíon i sáspan ar dtús. Cuir an bhiabhóg leis, measc go maith le chéile iad agus cuir leo an siúcra, sú líomóide, noitmig, agus cainéal. Déan an t-iomlán a choinneáil ar suanbhruith go mbíonn an bhiabhóg bog. Cuimil im idir gach sraith den taosrán fílo agus cuir i dhá ghrúpa agus ceithre phíosa i ngach grúpa é. Gearr gach grúpa i gceithre phíosa agus beidh 8 bpíosa taosráin sodóige agat agus cheithre shraith i ngach ceann. Múnlaigh iad seo i

136

stán beag gréiscthe agus déan iad a bhácáil in oigheann te 180°C/350°F/Gás 4 thart ar 7-8 nóiméad go mbíonn siad órga. Déan an gealacán uibhe a ghreadadh le pinse salainn go mbíonn sé teann agus ansin cuir isteach an siúcra leis. Líon na cásaí fíló leis an meascán biabhóige agus cuir lán spúnóige meireang anuas ar a mbarr. Cuir ar ais san oigheann ar feadh thart ar 3 nóiméad iad ag teocht 200°C/400°F/Gás 6 chun dath órga a chur ar an meireang. Tá siad seo níos deise ach iad a ithe úr, is é sin lá a ndéanta, te nó fuar.

Pancóga Milse le hAnlann
Oráiste agus Branda _____

Comhábhair
110g/4 unsa plúir	1 taespúnóg d'ola nó im leáite
1-2 ubh	Pinse salainn
300ml/¹/₂ phionta bainne	Ola chun friochta

An tAnlann
110g/4 unsa siúcra mín	Sú de 2 oráiste mhóra
110g/4 unsa ime	45ml/3 spúnóg bhoird de
Craiceann d'oráiste grátáilte	bhranda nó Grand Marnier

Modh
Criathraigh an plúr agus an salann isteach i mbabhla. Déan poll i lár an phlúir. Doirt isteach an ubh, an ola (nó an t-im) agus braon den bhainne. Measc le chéile go maith ón lár amach go mbíonn leacht deas mín agat gan aon chnap. Doirt isteach an chuid eile den bhainne agus measc arís go mbíonn an leacht deas aeraithe, agus éadrom (thart ar 3 nóiméad). Clúdaigh an babhla agus fág sa chuisneoir é nó in áit fhuar ar feadh cúpla uair nó thar oíche. Téigh braon an-bheag ola san fhriochtán agus doirt spúnóg bhoird nó dhó den mheascán

anuas air. Clúdaigh tóin an fhriochtáin go léir go tanaí leis an leacht. Déan é a chócaráil ar feadh 1-2 nóiméad go mbíonn dath órga air agus ansin cas timpeall é agus déan é a chócaráil ar feadh nóiméad nó dhó ar an taobh eile go mbíonn sé órga. Coinnigh na pancóga te ar phláta os cionn sáspan uisce te agus clúdaigh an fhad is atá na cinn eile á ndéanamh agat.

Anlann
Cuir na comhábhair go léir i bhfriochtán agus téigh iad. Bruith go mall nó go n-ídíonn a lán den leacht agus go mbíonn síoróip dheas thiubh agat. Tum na pancóga sa tsíoróip, téigh go maith iad agus fill i gceathrúna iad. Cuir ar bord iad agus iad te, agus doirt aon tsíoróip atá fágtha anuas orthu.

Nod: Is féidir tuilleadh branda te a dhoirteadh orthu agus é a lasadh ar an mbord.

Fondue Seacláide

Comhábhair

225g/8 n-unsa seacláide mhaith
150ml/¼ pionta uachtair

30ml/2 spúnóg bhoird de
cognac nó branda

Modh
Téigh an t-uachtar go cúramach. Bris suas an tseacláid; measc leis an uachtar í agus leáigh go mall ar theas íseal. Cuir an cognac nó branda leis. Cuir i lár an bhoird é os cionn mionlasrach de choinneal nó teas an-íseal. Úsáid torthaí de do rogha féin, mar shampla, píosaí oráiste, úll, piorra, bananaí, anann, fíonchaora agus déan iad a thumadh san fhondue, nó déan do rogha císte a thumadh ann chomh maith, gearrtha i bpíosaí beaga.

Milseoga Fuara

Is cineál feamainne inite é Carraigín agus chuirtí muide á bhaint fadó nuair a bhíodh an taoide amuigh. Bíonn dath dorcha go maith air le linn dó a bheith ag fás ar an gcarraig ach nuair a chuirtear ag tuaradh faoin ngrian é, ar na creaga, ar phaiste bán talún nó ar dhíon leibhéalta tí nó sciobóil, tagann dath bánbhuí air agus beagán corcra tríd.

Thugtaí dúinne é, bruite i mbainne, mar leigheas ar shlaghdán agus ar fhliú, agus bhíodh beagán meala tríd lena mhilsiú. B'fhearr leis na daoine fásta an braoinín crua tríd go minic.

Tá carraigín lán de gheilitín agus mar sin ba mhaith liomsa an planda simplí seo a thabhairt chun boird go ríoga i bhfoirm cúróige. Is beag ní atá níos dúchasaí ná níos uaisle ná toradh seo ár gcladaigh.

Cúróg Charraigín

Comhábhair

1 lr./1¾ phionta de bhainne	450ml/¾ phionta uachtair
13g/½ unsa de charraigín tirim	Braon beag Irish Mist
75g/3 unsa siúcra	Ainglice agus líomóid
3 ubh dheighilte	

An Modh

Cuir an carraigín in uisce ar feadh nóiméid chun é a bhogadh agus gearr amach na píosaí dubha. Cuir an bainne agus an carraigín i sáspan agus coinnigh ar suanbhruith iad nó go gclúdaíonn an bainne cúl spúnóige adhmaid. Séalaigh an carraigín trí shéalán go deas cúramach. Déan na buíocáin uibhe a ghreadadh; doirt an leacht te anuas orthu agus measc iad go maith i rith an ama. Cuir an siúcra agus an Irish Mist isteach leis an meascán seo, agus lig dó fuaradh. Déan na gealacáin uibhe a ghreadadh nó go mbíonn siad deas teann.

Déan an t-uachtar a ghreadadh nó go mbíonn sé tiubh. Nuair a bhíonn leacht an charraigín fuar, cuir isteach leis an uachtar agus na gealacáin é. Doirt isteach i múnla ullmhaithe (féach an nod thíos). Ba cheart don mheascán teacht 1"-2" níos airde ná imeall an mhúnla. Fág in áit an-fhuar é go mbíonn sé teann. Nuair a bhíonn sé deas teann bain an coiléar de agus maisigh é le huachtar, líomóid agus ainglice.

Nod: Déan banda nó coiléar de pháipéar dúbailte gréiscdhíonach a bhéas cúpla orlach níos airde ná an múnla cúróige agus ceangal go daingean é seo timpeall an mhúnla le rudhóig nó bioráin. Sruthlaigh an múnla ullmhaithe le huisce fuar agus déan é a shileadh go maith roimh úsáid.

Meireang Sú Talún _____

Comhábhair

3 ghealacán uibhe	300ml/$\frac{1}{2}$ phionta d'uachtar
Pinse beag salainn	coipthe
150g/6 unsa siúcra mín	325g/12 unsa de sú talún

Modh

Clúdaigh tráidire bácála le pár-pháipéar bácála. Cuir na gealacáin uibhe i mias fhíorghlan agus cuir pinse beag salainn leo. Buail go maith go mbíonn na gealacáin coipthe. Cuir leo trian den siúcra agus buail arís go mbíonn an meascán deas teann. Déan an rud céanna le trian eile den siúcra. Cuir an trian deiridh den siúcra leis go cúramach ag úsáid spúnóige miotail. Cuir an meireang i mála píobáin le soc mór. Brúigh amach an meireang i bhfoirm ciorcalach nó i bpíosaí aonair ar an tráidire ullmhaithe bácála. Déan é a bhácáil in oigheann fíoríseal 130ºC/225ºF/Gás $\frac{1}{2}$ ar feadh 1-1$\frac{1}{2}$ uair go mbíonn an meireang deas tirim agus éadrom. Cuir an t-oigheann as agus fág ann iad go mbíonn siad fuar. Maisigh le sú talún agus uachtar sula gcuireann tú ar an mbord é.

Siolabab Líomóide

Comhábhair

300ml/¹/₂ phionta uachtair
110g/4 unsa siúcra mín
60ml/4 spúnóg bhoird de
sheiris

Sú líomóide agus craiceann
grátáilte líomóide móire
12 briosca i bhfoirm méar
Siúcra daite chun é a chur ar
imeall na ngloiní

Modh

Cuir an craiceann grátáilte, sú líomóide, uachtar, siúcra agus
an tseiris i mbabhla agus déan iad a ghreadadh go maith le
chéile nó go mbíonn an meascán teann. Cuir ar bord é i
ngloiní arda snasta, maisithe ar an imeall le siúcra daite.
Díreach sula gcuireann tú ar an mbord iad cuir briosca i
mbarr gach gloine agus cuir na cinn eile ar phláta ar an
mbord. Is féidir siolabab oráiste a dhéanamh mar an gcéanna
ag úsáid oráiste. (Dóthain 4)

Maisiú na ngloiní

Measc braon nó dhó de dhathú (dearg, glas nó buí) le 15ml/
spúnóg bhoird de shiúcra mín. Cuimil imeall na ngloiní le
píosa líomóide gearrtha agus tum imeall na ngloiní sa siúcra
daite.

Milseog Sméar Fuar

Comhábhair

8-10 slisne d'arán bán úr
150ml/¹/₄ phionta d'uisce fiuchta
1 taespúnóg de shú líomóide
75g/3 unsa de shiúcra mín

450g/ punt de mheascán
torthaí samhraidh de do
rogha féin (sméara dubha,
cuiríní dearga, sú chraobh 7rl.)

Modh
Gréisc ceithre mhias bheaga. Gearr an crústa den arán agus gearr an t-arán i múnlaí chun na miasa a chlúdach go néata. Cuir na torthaí, siúcra mín, sú liomóide agus uisce isteach sa sáspan agus déan iad a chócaráil go mbíonn na torthaí deas bog. Doirt isteach sna miasa ullmhaithe iad ag úsáid níos mó torthaí ná sú agus nuair a bhíonn siad lán clúdaigh le ciorcal aráin iad. Clúdaigh agus cuir sa chuisneoir nó go mbíonn siad deas teann. Iompaigh amach ar phlátaí milseoige snasta iad agus doirt cuid den sú atá fágtha anuas ar a mbarr. Maisigh le sméara iomlána agus roinnt uachtair nó iógairt. (Dóthain 4)

Rollaí Branda

Comhábhair

50g/2 unsa ime nó margairín	50g/2 unsa de phlúr bán
50g/2 unsa de shiúcra donn	1 taespúnóg de phúdar sinséir
30ml/2 spúnóg bhoird d'órshúlach	1 taespúnóg de shú líomóide

Modh
Cuir im, siúcra, órshúlach agus sú líomóide i sáspan. Leáigh agus fuaraigh beagán. Criathraigh an plúr agus an sinséar le chéile agus cuir isteach leis an leacht te iad agus measc go maith le spúnóg adhmaid. Cuir taespúnóga den mheascán ar pháipéar párach bácála i stán gréiscthe agus fág thart ar 10cm/4" spás idir gach péire. Déan iad a bhácáil in oigheann measartha 170ºC/325ºF/Gás 3 ar feadh thart ar 6-8 nóiméad go mbíonn siad leathnaithe amach agus dath deas órga orthu. Tóg as an oigheann iad, fág cúpla soicind iad agus ansin pioc suas iad agus cas gach ceann mórthimpeall lámh spúnóige adhmaid. Fág go mbíonn siad fuar. Líon le huachtar coipthe milis agus braon branda tríd.

Reoiteog Fanaile _____

Comhábhair

225g/8 unsa de shiúcra mín   750ml/1¼ phionta d'uachtar
60ml/2 spúnóg boird d'uisce   coipthe
4 bhuíocán uibhe buailte go maith   ½ taespúnóg d'úscra fanaile

Modh

Leáigh an siúcra in uisce agus nuair a bhíonn sé leáite, déan é
a fhiuchadh go mbíonn síoróip dheas thiubh agat. Cuir an
t-uisce fanaile leis. Doirt an tsíoróip seo go mall anuas ar na
buíocáin uibhe buailte, á mheascadh go maith i rith an ama.
Coinnigh á mheascadh nó go mbíonn meascán deas cúrach
agat agus go mbíonn an meascán fuar. Cuir an t-uachtar
coipthe leis, doirt isteach i mbabhla, nó i mias é, clúdaigh,
cuir lipéad air agus cuir sa reoiteoir é.

Reoiteog Arán Donn _____

Úsáid an modh a bhfuil cur síos déanta air do reoiteog fanaile
agus cuir leis na nithe seo leanas:

Comhábhair

110g/4 unsa de grabhróga   50g/2 unsa de shiúcra donn
    d'arán donn

Modh

Measc na grabhróga aráin donn agus an siúcra le chéile.
Leath amach ar stán bácála an meascán agus déan é a théamh
faoi ghriolla te nó go mbíonn sé deas donn agus briosc, á
mheascadh ó am go chéile. Fuaraigh go maith agus cuir leis
an reoiteog fanaile é. Clúdaigh, cuir lipéad air agus cuir sa
chuisneoir é.

Reoán Sú Talún agus Iógart _____

Comhábhair

450g/ punt de shú talún
225g/8 n-unsa de shiúcra mín

450ml/¾ pionta d' iógart
nádúrtha

Modh

Cuir na comhábhair go léir isteach in inneall próiseála bia nó i leachtaitheoir agus déan leacht den mheascán go léir. Doirt isteach i soitheach reoiteora é. Clúdaigh go daingean, cuir lipéad air agus cuir sa reoiteoir é.

Práilín _____

Comhábhair

50g/2 unsa d'almóinní nach
bhfuil bánaithe, gearrtha

50g/2 unsa de shiúcra mín

Modh

Cuir an siúcra agus na halmóinní i bhfriochtán trom agus téigh go mall ar theas íseal chun am a thabhairt don siúcra go léir leá. Nuair a bhíonn dath donn órga ar an tsíoróip, cas amach an meascán ar phíosa pár-pháipéir bhácála agus lig dó fuarú. Nuair a bhíonn sé fuar agus briosc bris suas é agus déan é a stóráil i bpróca le clúdach daingean go mbíonn sé ag teastáil. Chun uachtar práilín a dhéanamh, fill an meascán práilín seo le reoiteog fanaile roimh é a reo.

Index/Innéacs

146

Notes

Notes